箱梁振动和噪声辐射研究

常 亮 镇 斌 著

中国建筑工业出版社

图书在版编目（CIP）数据

箱梁振动和噪声辐射研究/常亮，镇斌著. —— 北京：中国建筑
工业出版社，2018.12
ISBN 978-7-112-22933-8

I. ①箱… II. ①常… ②镇… III. ①城市铁路-轨道交通-
交通噪声-研究 IV. ① U239.5

中国版本图书馆 CIP 数据核字（2018）第 258318 号

本书对桥梁结构中的箱梁结构振动和噪声辐射问题进行了系统地研究和总结，有助于了解桥梁结构噪声的形成机理及制定合适的减振降噪措施。全书共分为 7 章，分别为绪论、ANSYS 基本原理及计算方法简介、列车荷载作用下高铁箱梁结构振动特性分析、箱梁结构设计措施对振动的影响分析、声级理论、列车荷载作用下箱梁结构的振动响应与噪声辐射的频谱特性、结论与展望。

本书适合从事结构振动的科研人员和技术人员参考使用。

责任编辑：杨 允
责任校对：王 瑞

箱梁振动和噪声辐射研究
常 亮 镇 斌 著
*
中国建筑工业出版社出版、发行（北京海淀三里河路9号）
各地新华书店、建筑书店经销
北京建筑工业印刷厂制版
北京建筑工业印刷厂印刷
*
开本：787×960毫米 1/16 印张：10½ 字数：201千字
2019年3月第一版 2019年3月第一次印刷
定价：**40.00**元
ISBN 978-7-112-22933-8
（33038）

前　　言

随着高速铁路的迅速发展，其带来的振动与噪声问题也日益突出。桥梁结构噪声作为铁路噪声的一种，是列车通过桥梁结构时引起的"二次辐射"噪声。从频率范围来讲，桥梁结构噪声属于低频辐射噪声（100Hz），和轮轨噪声等其他铁路噪声相比，其在整个铁路噪声中所占的比重不大。但是低频噪声对人体有较大的危害，且目前针对桥梁结构低频噪声的减噪措施不多，因此对桥梁结构噪声的形成机理及减振降噪措施进行研究就显得十分必要。

本书研究了箱形梁的振动和噪声辐射，共分7章。第1章绪论，分析了箱梁振动和噪声辐射的研究现状及存在的问题，提出了本书的研究内容和创新点；第2章介绍了有限元分析的基本原理及计算方法和本书研究过程中采用的有限元参数；第3章分析了列车荷载作用下箱梁结构振动特性；第4章分析了箱梁结构设计措施对振动的影响；第5章介绍了声级理论；第6章实测了列车荷载作用下箱梁结构的振动响应与噪声辐射的频谱特性；第7章结论与展望，指出了今后的研究方向和本书研究的不足之处。

本书是作者对箱梁结构振动和噪声辐射研究的成果总结，可作为理工科院校土木、交通等专业的本科生、研究生参考学习教材。第一完成单位南昌航空大学。武汉理工大学谢伟平教授在箱梁振动和噪声实测方案上提出了宝贵意见，上海理工大学镇斌副教授在结构振动理论方面也给予了指导，南昌航空大学硕士研究生康乐参与了有限元数值计算，南昌航空大学硕士研究生董芳明参与了书稿的整理工作。在此一并表示感谢！

本书的出版得到国家自然科学基金（11472160，11672185），江西省自然科学基金（20161BAB216103），江西省教育厅科技项目（GJJ160708）的资助，在此一并感谢！

限于作者水平，本书一定存在不少缺点，恳请读者批评指正！

作者

2018年秋于南昌航空大学

目　　录

第1章　绪论 ………………………………………………………………… 1

　1.1　引言 ……………………………………………………………… 1

　1.2　国内外研究现状 ………………………………………………… 2

　1.3　本书的主要研究内容 …………………………………………… 9

第2章　ANSYS 基本原理及计算方法简介 ………………………… 11

　2.1　ANSYS 有限元软件介绍 ……………………………………… 11

　2.2　ANSYS 计算分析基本方法 …………………………………… 12

　2.3　列车荷载动力方程的建立 …………………………………… 14

　2.4　ANSYS 积分时间步长的确定 ………………………………… 19

　2.5　ANSYS 阻尼特性的计算 ……………………………………… 20

第3章　列车荷载作用下高铁箱梁结构振动特性分析 ……………… 22

　3.1　概述 ……………………………………………………………… 22

　3.2　铁路箱梁设计参数 …………………………………………… 25

　3.3　箱梁有限元模型的建立及相关参数选择 …………………… 28

　3.4　箱梁有限元模型模态分析结果 ……………………………… 29

　3.5　列车荷载模拟及加载方式 …………………………………… 32

　3.6　荷载作用下箱梁结构振动特性分析 ………………………… 33

　3.7　振级理论 ………………………………………………………… 51

　3.8　列车荷载作用下箱梁结构的振动 …………………………… 53

　3.9　本章小结 ………………………………………………………… 57

第4章　箱梁结构设计措施对振动的影响分析············59

　4.1　单箱单室与单箱双室箱梁结构振动比较分析　·········60

　4.2　加劲肋的布置对高铁箱梁振动影响分析　·········65

　4.3　本章小结　·········78

第5章　声级理论·········80

　5.1　声级的定义　·········80

　5.2　声级的计算　·········81

　5.3　列车荷载作用下箱梁结构的噪声辐射　·········83

　5.4　本章小结　·········87

第6章　列车荷载作用下箱梁结构的振动响应与噪声辐射的频谱特性·········90

　6.1　箱形梁结构的自振频率　·········90

　6.2　箱形梁结构振动和噪声辐射的频谱　·········93

　6.3　箱形梁结构的减振降噪　·········96

　6.4　本章小结　·········101

第7章　结论与展望·········102

　7.1　结论　·········102

　7.2　展望　·········104

附录1·········106

附录2·········110

附录3　主要研究成果·········122

参考文献·········156

第1章 绪 论

1.1 引言

在高铁桥梁的建设当中，广泛采用箱形梁结构。其中，预制混凝土箱梁应用最为广泛，其整体性好、偏心荷载下较为有利、能有效抵抗正负弯矩、刚度大、施工方法多、节省材料、简洁美观等优点，让其在桥梁建设中具有广泛的发展运用空间。

然而，当高速铁路在桥梁上运行时，伴随着强大的摩擦损耗和能量输入，在高速列车的动力作用下，会使箱梁结构体系发生振动。高速铁路箱梁振动不仅影响了车辆的平稳性和乘车的舒适性，也影响了桥梁的使用寿命和正常的工作状态，甚至在车桥的动力响应达到一定的界限时会使车桥发生共振，严重影响列车的行车安全，对公共财产和乘客生命安全带来极大的危害。另外，城市轨道交通按产生噪声的声源可以分为轮轨噪声、车辆非动力噪声、牵引动力系统噪声和结构噪声等。

结构噪声和轮轨噪声一样，都是由轮轨间的相互作用力导致的。在这个力的作用下，钢轨产生振动，这种振动通过钢轨传递到桥梁结构上，引起桥梁结构的振动。桥梁结构在振动时带动周围的空气一同振动引发"二次噪声"。结构噪声可以认为，是由于尺寸较大的水平板的振动所产生的。因为结构物的尺寸比较大，因此低频段的噪声会有大量辐射，表现为低频特性。在噪声向远处传播的特性方面，根据文献，在高架线路的下部，通过对高位测点和低位测点噪声频谱特性的比较可以看出，在低频段噪声水平有差别，而在高频段噪声水平大致是相同的。这说明，沿铅垂方向，低频噪声衰减较快，而高频噪声衰减较慢；在同一水平面上，通过对距轨道中心线不同距离测点噪声频谱特性的比较，可以看出，在低频段噪声水平大致相同，而在高频段噪声水平有差别，这说明沿水平方向，低频段的衰减较慢，而高频段的衰减较快，即低频噪声的影响范围比高频噪声更大。

城市高架轨道箱形梁产生的噪声属于结构噪声，这部分噪声以低频噪声为主。低频噪声具有更远的传播距离，并会使人产生恶心、呕吐等多种不适，对人们生活产生极为不利的影响。正常人能听到的声音频率为 20 ～ 20000Hz，频率低于 500 Hz 的声音为低频声音。低频噪声对生理的直接影响没有高频噪声那么明显，但医学专家通过研究发现，低频噪声对人体不仅造成功能性损害，还可能引起器质性损害以及精神损害。人体内器官固有频率基本上在低频和超低频范围内，很容易与低频声音产生共振，所以人会烦恼、感觉不适，低频噪声由于可直达人的耳骨，而且会使人的交感神经紧张，心动过速，血压升高，内分泌失调。人被迫接受这种噪声，容易烦恼激动、易怒，甚至失去理智。如果长期受到低频噪声袭扰，容易造成神经衰弱、失眠、头痛、综合判断能力下降等各种神经官能症。低频噪声还可以穿透人体腹壁和子宫壁，影响胎儿器官发育，甚至造成胎儿畸形。对于控制轻轨运行时所产生的噪声及促进轨道交通的健康发展，铁路箱梁振动控制措施的研究具有非常重要的现实意义。

1.2 国内外研究现状

1.2.1 振动部分

1937 年，Kolousek[1] 研究了单轮过桥的问题，将车载简化为移动周期力来建立模型，这个模型充分考虑了车辆和桥梁的重量对车桥振动的影响。Timoshenko[2] 假定在仅考虑桥梁质量而忽略轮对质量的前提下，建立了桥梁竖向振动方程，并求解出了结果。

计算机技术和有限元的发展将梁桥振动的研究推向了更高的阶段。日本学者松浦章夫 [3] 在新干线的基础上对梁桥的振动进行了进一步的研究，建立了新的二轴式转向架高铁模型。研究表明，当列车速度小于 200km/h，桥梁所承受的冲击系数在现行的标准内依旧符合要求，并依据高速车辆的动力响应给出了桥梁的挠度限值。他还建立了四轮对沉浮运动、两个转向架的十自由度列车模型，研究了轨道平顺度、桥跨以及车速等因素对车桥动力系数的影响。美国伊利诺理工学院的 K. H. Chu[4] 采用一种新的模型，即假设车辆由许多刚体拼凑而成，各个刚体在空间具有六个自由度，这种多刚体多自由度的模型通过弹性元件连接成整体来研究车桥的振动。L.Fryba[5] 则把车辆设定为四个自由度的质点系，桥梁则为等截面、具有黏滞阻尼特性的简支梁桥，以此推导出一系列在此作用下的车桥动力响应的解析解，并考虑到轮对的不平衡、轨道的刚度大小、轨道的平顺性等因素的影响，建立了系统的车桥振动方程和力学模型，在不同的车桥初始化状态以及不同的桥梁设计参数下进行分析。

20 世纪 80 年代，美国朱光汉教授 [6] 等将车体、轮对、转向架等通过阻尼与弹簧连接起来，把车辆看成多刚体系统，使得车辆系统更为复杂。同时，考虑到轨道的平顺性等因素，将车辆与桥梁分开分别建立了振动方程。在此基础上，使得两个方程在轮轨接触作用下联系起来，研究列车和桥梁的振动问题。Dhar C.L[7] 的模型建立在朱光汉教授研究的基础上，但他假定轮轨紧密贴合，以桥梁承受车辆竖向作用力为主，分析不同车辆在进入桥梁初始响应情况下产生的竖向振动问题。

对于车桥模型，欧洲各国学者也做了系统的研究。对于时速大于 200km 的高速列车欧洲铁路研究院 [8] 建立车桥模型，采用谐波分解法，致力于以此来进行桥梁振动响应分析，得到了桥梁在共振速度下的动力响应限值。研究表明轨道不平顺对车桥的动力响应有着巨大的影响，高速列车在通过桥梁时给桥面板带来巨大的加速度可能会成为道床失稳的诱因。这项研究采用了比较复杂的模型，将轨道细分为枕木、道床、缓冲垫、钢轨等元件，在轨道平顺度低甚至是包含缺陷的情况下，研究轨道对车桥振动的影响。桥梁振动的频率越大，则车桥的振动响应越大，而在轨道缺陷的情况下，情况有相反的变化趋势。

在朱光汉教授之后，Boganert[9] 对车辆通过拱桥进行了建模，在简化了模型的基础上对桥梁因车辆带来的冲击进行了研究，并给出了计算式。Yong-Bin Yang[10] 采用了新的方法——动态响应法对复杂的车桥动力响应模型进行了计算，大大提高了计算效率。Green 和 Cebon[11] 建立了新的模型，创新性的研究车桥动力响应问题。M. Olsson[12] 利用有限元 - 模态技术研究车桥动力响应，对车桥振动进行了求解，给出了冲击系数的简化表。

20 世纪 80 年代，铁道科学研究院就开始对车桥耦合振动展开了研究。程国庆 [13] 院士以中小跨度梁桥为研究对象，考虑到轨道不平顺、旅客舒适度、列车加速度、行车安全性等因素，假定列车由多节车厢组成，每节车厢均视为刚体，不考虑转向架、轮对等部件的弹性变形，车辆为匀速行驶，不考虑纵向动力作用的影响，车轮始终与轨道接触等，用轮轨接触理论模拟轮轨之间的横向力，讨论中小跨度梁桥纵横向刚度限制，并且分别对桥梁和车辆建立振动方程，利用轮轨之间的相互作用将方程联立求解。孙建林[14]针对铁路运输大跨度斜拉桥，在程国庆院士的模型基础上，讨论研究了大跨度斜拉桥的横向振动，用频谱法针对模型进行了分析。张锻[15]综合整理了铁路提速发展当中出现的脱轨等事故，针对事故原因进行分析整合，作为样本并对几大干线的列车提速进行了现场测试，得到了大量的实测数据。许慰平[16]也在先前模型的基础上，针对列车桥梁之间的弱耦合性，结合列车转向架菱形变形和翘曲，用数值分析的分组迭代加以求解，此举提高了对大跨度桥梁和多车辆系统的整体动力问题求解的效率。

北京交通大学夏禾与陈英俊[17]老师将模态综合技术应用在车辆、桥梁模型中，通过车桥之间力与位移的平衡关系，使两者联系在一起进行研究。夏禾教授充分考虑车桥之外桥墩和基础对模型的影响，将车辆、桥梁、墩台基础综合起来考虑，建立了车 - 桥 - 墩相互影响作用的分析模型，并在车桥的动力响应中将风荷因素与车载充分考虑，将车辆运行安全性、桥梁振动作用下车辆运行平稳度等一一加以分析，所得研究成果对车桥振动的深入研究具有巨大的参考价值。

西南交通大学宁晓骏、强士中[18]等采用 23 自由度的列车模型，运用车桥耦合振动理论，假定列车车轮始终与轨道紧贴，分别对列车和桥梁建立了方程，用数值迭代分别求解。同时，比较计算不同横向刚度的桥墩对车辆 - 桥梁系统的影响，通过研究计算指出桥墩的横向刚度是保证车辆行驶安全和桥梁稳定的重要因素。在研究横向刚度问题时，对车桥耦合振动中的线性方程进行了一定的改变，求解轮轨蠕变系数和法向力时采用迭代法，并假定轮轨之间的接触是三维非线性的。李小珍[19]将上述理论模型应用到钢构桥的分析中，她针对大跨度刚斜拉桥以及组合刚构桥对车桥耦合振动进行了研究。李运生、阎贵平[20]在研究桥墩横向振动时实地收集了大样本的梁桥墩台横向振动数据，并从墩台类型，高度和上部结构组成等方面对桥梁进行了细致的分类，从影响墩顶最大横向位移的诸如墩台刚度、高度、车速等几个因素进行了分析划分，并提出了与桥墩横向位移相关的墩台刚度建议值。李乔教授与他的研究生何发礼[21]共同研究了高速铁路曲线梁上车桥耦合振动特性，针对曲线超高、曲线半径大小对车桥振动的影响，建立了 4 轴三十五自由度的车辆模型进行研究。

中南大学曾庆元[22-23]课题组理论结合实际，在车桥振动方面的研究首先考虑重力角、弹簧、刚度以及蠕滑力的影响作用，将整体混凝土梁桥在空间范围内进行离散，并建立 21 自由度车辆的简化模型，将车辆 - 桥梁的总势能建立计算关系式，利用矩阵系统——对应法则以及弹性系统势能不变法则，将桥梁与车辆看成一个整体，这个整体的振动效应随列车通过桥梁的时间变化而变化。一次建构振动方程，在蛇行波的系统激振下，将车桥模型的振动响应进行求解。基于此模型的研究计算，大量分析了车桥模型的相关振动问题，并取得了可观的研究成果。朱汉华[24]教授也一直致力于对车桥振动的研究，他在车辆-桥梁模型中强调能量的随机分析方法，将影响车辆-桥梁的诸多因素转为对车桥模型振动能量的随机分析方法，结合以往对人工地震波的研究，以此为激振源架构车桥模型振动蛇形波，研究表明车桥振动时变系统的振动响应对概率水平有相关对应要求。张麒[25]就 Sperling 指标以及列车运行时的抗脱轨安全度，结合车桥模型的横向刚度分析结果，对钢析桥的横向刚度限值进行了研究，得出了钢析架桥的横向刚度控制指标，即梁桥的宽跨比随桥梁跨度的变化曲线。娄平[26]将车辆-桥梁-轨道看作一个整体，着重对轨道不平顺时车桥的竖向振动和车辆运行、桥梁稳定、轨道等在动力响应方面的影响进行研究，取得了一定的成果。向俊[27]结合高速铁路发展过程中的一系列脱轨事故进行分析。分析认为，列车运行脱轨与车桥系统横向振动丧失稳定有关，就车桥系统能量随机分析提出了自己的理论。周智辉[28]在向俊对车辆脱轨能力随机分析理论的基础上，结合实际对列车与桥梁是否脱轨的案例进行分析，对该理论的正确性进行了验证，并据此给出了为预防列车脱轨的横向刚度设计限值，为今后的铁路桥梁建设与列车安全运行提供了参考。

胡辰锁[29]等利用大型 ANSYS 软件建立有限元模型，对高速列车作用下桥梁结构的动力性能、高铁简支梁桥竖向动挠度和行车速度之间的关系和移动荷载下不同车桥耦合模型进行了研究，研究表明四分之一车模型与移动车轮簧上质量模型相比，移动质量模型和荷载模型的计算偏于保守；高速列车作用下，桥梁的竖向动挠度和加速度与列车行车速度是非线性关系，桥梁结构的动挠度和竖向加速度与荷载的质量呈线性关系，在适当的范围内提高桥梁结构的阻尼比和刚度，可以有效减小桥梁的振动。

张运山[30]以京津城际简支梁为工程背景，通过改变车桥刚度、质量比、车速等，对铁路简支梁在移动荷载下的振动进行研究；王森[31]采用了两种不同的车桥模型对高速铁路简支梁桥耦合振动进行仿真分析。结果表明，列车轴重越大，梁跨中竖向挠度和加速度也都越大，车速越大，跨中挠度与横向振幅都趋于增大，同时增大桥梁阻尼有助于减小车辆运行产生的振动。另外，一个多世纪前，

Schwedler 提出应建立轨道系统模型计算应力以防止轨道构件的损坏，特别是轨道的裂缝。Schwedler 关于轨道数学模型的论断一直沿用至今，他将纵向枕木支撑的铁轨模拟为连续的 Winkler 弹性地基梁，而结论由 Timoshenko 得出[32-34]。在 1930 年左右，人们普遍认为铁轨应支撑在横向枕木上，可以很好地应用 Winkler 梁来模拟。1954 年，Kenny[35] 采用拟静力方法计算了 Winkler 梁模型的动力响应，分析了弯曲波的传播速度和其与梁的临界速度的关系。但是，由于没有考虑时间作用上的连续性影响，所得的结果只在荷载移动速度等于波的传播速度时才有效，没有体现出振动问题的波动性。

对于采用浮式床板减振的轨道系统的计算模型有很多种，英国剑桥大学的 Hugh Hunt[36] 等人提出了用单自由度体系模型代替 Winkler 梁模型来计算轨道系统的动力特性。结果表明，除了计算对基础的传力比以外，使用单自由度体系模型来计算振幅，频率等更为简单、有效。对于多层 Winkler 梁模型，同样可以用多自由度体系模型来代替，从而可以大大地简化计算，但这一方法并不适用于所有的振动问题；日本的阿部和久[37] 将轨道的振动响应用格林函数的时域积分方程式表示，将垫层和枕木与车轮一并考虑，由此得到时间域的解答，但这种方法没有考虑时间作用上的连续性，而把每一个作用时间点单独考虑，显然与实际情况不相符合。

武汉理工大学谢伟平、于艳丽等[38]，针对荷载作用在时间和空间上的连续性，采用格林函数法，求解轨道系统在移动荷载作用下的控制方程。在计算 Euler 梁位移时，考虑荷载作用在时间上的连续性，考虑前一时间段荷载作用时产生的位移对下一时间段位移的影响，在时间域和空间域内作双重积分，求解 Euler 梁的动力响应表达。

刘学毅[39] 等依据高速轮轨系统的作用特点，提出了一种高速轨道频域响应分析方法，分析了轨道刚度和阻尼对轨道振动的影响，得到了关于高速轨道动力作用的一些特点，指出轨道的不平顺性会加大振动作用。

在对移动荷载下 Winkler 梁的稳态响应分析中，Timoshenko[40]、Steele[41]、Fryba[42] 主要采用本征函数叠加的方法获得级数解。对有限长梁，取少数几项就能得到较好的结果；但对无限长梁，计算量势必增大，且精度也受到影响。Kenny[43] 通过坐标变换将偏微分方程化为常微分方程得到了梁稳态动力响应的解析解。郑小平等[44] 通过对空间的傅立叶变换和对时间的拉普拉斯变换给出了梁动力响应的一般解。以上都只是对匀速移动荷载的研究。此外，除了 Kenny

的经典解析解外，其他的解析解都只是无穷积分形式的解析表达式。谢伟平[45]将移动荷载下 Winkler 梁波数域中的动力响应分解为瞬态和稳态两部分，经讨论舍弃瞬态部分，对稳态部分作逆傅立叶变换，得到了变速移动荷载下无限长 Winkler 梁稳态动力响应的解析表达式，并进一步探讨了阻尼在求解过程中的作用，指出了经典解在处理阻尼时存在的问题。与 Kenney 的经典解求解过程相比，该解的求解过程具有更加明确的物理意义。

1.2.2 噪声部分

桥梁结构辐射的"二次噪声"是由于桥梁结构的振动所引起的，目前国内外的学者对这一问题的研究主要有以下几个方面：

徐利平、胡世德[46]根据能量比拟原理，通过对箱梁桥面板作用车轮荷载后的应变能的计算，得到其比拟简支正交异性板的刚度参数，利用 G-M 法图表计算横向分布影响线，从而得到箱梁桥面板的荷载有效分布宽度。该方法忽略了悬臂板、腹板与底板的能量，实际上在高速列车通过高架桥梁时悬臂板、腹板与底板也存在较大的能量，因此该方法存在着一定的局限性。

丁桂保、郑史雄[47]考虑结构与声介质的辐射条件，导出了具有耦合关系的有限元列式，分析计算了高速列车通过桥梁时各构件的振动响应所诱发的低频噪声，提出了预防与控制噪声的措施，即采用黏弹性阻尼材料，对产生噪声的主要部件进行处理，从而达到减小或消除结构振动以及由振动引起的噪声的目的，作者虽然提出了减少桥梁结构振动与噪声的方法，但并未对该措施的减振降噪效果进行验证也没有提出该措施在实际工程中的具体做法，因此其在实际应用中还存在着较大的困难。所以，对桥梁结构振动而产生的结构噪声问题以及采取何种具体、有效的降噪措施，还需要进一步研究。

Y.Y.Lee 和 K.W.Ngi[48]研究了高架桥梁模型在脉冲荷载作用下的振动响应。分别在顶板中心和顶板与腹板交界处施加竖向脉冲力，获得了底板中心和底板与腹板交界处的傅立叶谱。将结构的振动分为全局振动（结构只发生纵向弯曲，而截面不发生变形）和局部振动（结构不发生纵向弯曲，而截面发生变形），并用有限元方法建立了局部振动模型。将每一截面考虑成梁单元并且仅考虑梁的横向变形，研究指出全局振动模型以相对低的频率振动，低频振动声辐射效率相对较小，纵向弯曲对梁的噪声辐射贡献不大。

K.W.Ngi、C.F.Ng[49]使用 FFT 算法对高架桥梁结构噪声辐射和振动的测量结果进行分析，结果表明当列车以 140km/h 的速度运行时高架桥梁噪声和振动的频率范围在 20～157Hz，共振频率是 43Hz 和 54Hz。Moritoh[50] 对混凝土桥梁结构的声辐射进行了现场测量，并进行频谱分析，得出当列车以 240km/h 的速度运行时，桥梁结构正下方处，桥梁结构辐射噪声峰值所对应的频率是 50Hz。Stüber[51] 得出当列车以 80km/h 的速度运行时在距轨道中心线 25m，地面以上 1.6m 处桥梁结构辐射噪声峰值所对应的频率是 50Hz。

Theeraphong Chanpheng[52] 认为，在减小噪声辐射的问题上，辐射模型优于振动模型，声辐射模型更能够反映结构的声辐射和振动特性，通过声辐射模型可知结构表面速度的分布情况。

在对香港西线铁路高架桥梁噪声辐射问题的研究中，有关专家提出了三种解决结构二次辐射噪声技术方案：（1）采用弹性悬挂吸声护罩将高架结构辐射面遮盖。（2）加强高架结构，若使高架结构刚度增大，则仅对控制低频噪声有效；若使高架结构更结实，仅对控制高频噪声有效。（3）采用弹性轨道结构，可以减少对高架结构振动能量输入。方案 1 和方案 3 势必会使工程造价大大增加，方案 2 只是从理论上说明了降噪的方法。但对具体的措施，如何使桥梁结构达到一种最优的形式以降低桥梁结构辐射的噪声问题，并未说明。

A.R.Crockett 和 J.R.Pyke[53] 在对香港某高架铁路的降噪及建模过程的研究中，将总噪声分为直接噪声（来自轨道、路面、机车）和桥体结构辐射噪声。指出对直接噪声，仅在轨道旁边安装单一的吸声屏障，不能达到有关的噪声规定，为了能提高吸声屏障的利用，采用了一系列声屏障同时放在临近轨道边和机车下，效果要比仅在轨道边安装吸声屏障好 12～17dB。对于桥体结构辐射的噪声，建立了有限元计算模型，考虑了弹性基座、弹性的支撑链接和浮置路面轨道（FST）这些有可能降低噪声辐射的因素。通过理论模型的计算和试验，文献的作者认为仅浮置路面轨道是能够充分发挥降噪作用的，桥体结构的形式会改变低频噪声，但不会消除浮置路面轨道这种形式对噪声的影响。

A.Wang 和 S.J.Cox 在对悉尼 RSA 线某一钢构桥梁的动力测试后指出：当列车以 65km/h 的速度行驶时，枕木上安置刚性基座的桥梁，在距离轨道中心线 5.5m 处噪声水平是 95dB，主要的频率范围在 200～1000Hz，而对枕木上安置弹性基座的桥梁总体噪声水平较之减少 6dB 左右。增加轨道构件的阻尼并不能有效地降低总体噪声水平，由于阻尼构件吸收大量的能量，因此很快受到破坏。减少轨道的支撑刚度可以减少传递到桥梁上的力，并降低桥梁结构辐射的噪声，但这样会增加钢轨辐射的噪声。

Wilson Ihrig[54] 采用车辆 - 轨道 - 高架结构数学模型对箱形梁结构辐射噪声进行研究分析后表明：即使采用不实用的加强高架结构（增强结构的质量和刚度）与高弹性轨道，仍然不能满足噪声控制规定。最有效的解决方法是减少结构能量输入。通过各种轨道结构以及扣件匹配分析，采用浮置板式轨道结构与高弹性扣件结合，是解决结构噪声辐射的最有效技术方案。

A.R.Crockett、A.Wang[55]、Wilson Ihrig 在减少桥梁结构噪声的方面主要是采用浮置板式轨道结构形式和高弹性基座，这种轨道结构形式虽然可以有效地减少结构噪声的辐射，但在我国目前的条件下，采用浮置板式轨道结构形式的工程造价是一般轨道结构形式（如弹性短枕式轨道结构形式）的 7 ～ 10 倍，因此在我国目前的条件下，将浮置板式轨道结构形式大量应用于工程实际中，还存在着一定的困难。

1.3　本书的主要研究内容

（1）比较分析国内外对高速铁路箱梁振动特性的研究计算方法，结合国内外的研究成果和时速 350km 高铁 32m 箱梁的特点，确定研究高铁振动的计算方法及荷载步、阻尼系数等参数的计算。

（2）高速铁路箱梁振动特性的研究：建立时速 350km 高铁 32m 箱梁 ANSYS 有限元模型，将高速列车的实际动力参数作为箱梁振动的激励源，考虑箱梁振动的动力特性，将高速列车行驶带来的荷载简化加载到箱梁上，分析在列车荷载作用下箱梁的振动特性。

（3）分析结构腔室变化、设置加劲肋等措施对箱梁振动特性的影响。在建立的时速 350km 高铁 32m 箱梁 ANSYS 有限元模型基础上，采用单箱双室结构及在箱梁顶板、底板、腹板设置加劲肋，建立新的有限元模型。分析单箱双室箱梁及加劲肋的设置对结构振动的影响，比选减振结果，给出设计建议。

（4）对武汉市轨道交通一号线做了较大规模的振动与噪声的实测工作，采集了振动与噪声的原始时域数据。

（5）根据振动级理论和声压级理论对原始的时域数据做了处理，得到了测点处的振动加速度级与声压级。总结出振动强度与噪声辐射沿箱形梁截面的变化规律。

（6）使用 Matlab 数值计算软件绘制了 1/4 箱形梁结构的外表面法向振动加速度级和声压级的等值线分布图，确定了箱形梁结构振动强度与噪声辐射的最大部位。

（7）对箱形梁结构做了有限元模态分析，并与实测的结果进行了对比分析，确定了箱形梁结构的前四阶自振频率及其所对应的振型。

（8）对原始的加速度与声压的时域数据进行了自相关与互相关处理，通过快速傅立叶变换获得了振动加速度自谱、噪声声压自谱及振动与噪声互谱，确定了高架轻轨列车远轨运行与近轨运行时箱形梁结构各部位振动响应与噪声辐射的频率范围。

（9）假定轻轨列车运行时箱形梁结构所辐射的噪声与周围背景噪声是完全不相关的，系统为理想线性系统，计算了箱形梁结构振动与噪声辐射的相干函数，得到了相干输出声压自谱，确定了箱形梁结构振动响应与噪声辐射相关性较强的频率范围，通过降低该频率处的振动响应达到减小结构噪声辐射的目的。

（10）通过对每一测点处振动加速度自谱与相干输出声压自谱的对比分析，确定了箱形梁结构各部位较小辐射声功率的频率范围。

最后，在总结全书工作的基础上，提出了今后尚需深入研究的问题。

第 2 章　ANSYS 基本原理及计算方法简介

高铁自诞生以来，在世界各国都得到了不同程度的发展，其桥梁结构的形式也呈现多样化的特点，主要包括刚架结构、T 梁结构、简支箱梁、钢筋混凝土连续式箱梁、大跨度系杆钢拱结构等。近年来我国高铁建设发展迅速，主要采用的是箱梁结构。各国学者对高铁箱梁结构的设计优化研究一直在进行，传统的研究方法掣肘于箱形梁大尺寸、高自重等特点，实体研究费时费力，难以开展。随着科技的发展，尤其是计算机技术的进步，许多工程数值模拟软件（ANSYS、SAP2000、MIDAS 等）的开发，让越来越多的学者将箱形梁的研究转向数值模拟分析，采用数值模拟软件对箱梁结构的分析研究已经取得了不少成果。与实测相比，数值模拟方法较贴近实际，可真实模拟高铁箱形梁在荷载作用下的动力效应，误差在允许范围内，是一种较精确、切实可行的研究方法。

本章主要对 ANSYS 的基本原理及计算方法进行介绍，阐明高铁箱梁模型高速列车荷载的模拟方法、时间步长的选择、结构阻尼特性的选取等关键问题。

2.1　ANSYS 有限元软件介绍

ANSYS 有限元软件主要包括以下三个部分：前处理、后处理及分析计算模块。

前处理模块主要包括建立实体模型，在模型上施加约束与荷载，划分网格生成有限元模型等前期工作。

后处理模块可将分析计算结果以等值线显示、矢量显示、梯度显示、粒子流迹显示、立体切片显示、透明及半透明显示（可看到结构内部）等图形方式显示出来，也可将计算结果以图表、曲线形式显示或输出。

分析计算模块包括在结构分析中可进行线性分析、非线性分析和高度非线性分析等，具体可分为静力分析、模态分析、瞬态分析、谐分析、谱分析等。

ANSYS 程序提供两种后处理器：通用后处理器和时程后处理器。

（1）通用后处理器简称为 /POST1，用于分析处理整个模型在某特定时间或频率下、某个结果序列或者某个载荷步的某个子步下的结果，例如结构静力求解中载荷步 2 的最后一个子步的压力，或者瞬态动力学求解中时间等于 6s 时的位移、速度与加速度等。

（2）时程后处理器也称为 /POST26，用于分析处理模型中某个节点在一段指定的时间范围内某项指标或结果随着时间的变化情况，例如在瞬态动力学分析中结构某节点上的位移、速度和加速度从 0~10s 的变化规律。

2.2　ANSYS 计算分析基本方法

在利用 ANSYS 进行数值模拟过程中，基本包括以下几个步骤：（1）建立模型；（2）定义单元属性；（3）定义网格密度并划分。而后根据研究的需要对模型施加荷载，进行计算分析，如模态分析、瞬态分析、谐分析等，最后进入后处理器对计算结果进行分析提取。

1. 建立模型

利用 ANSYS 建模，主要有直接建立实体模型、几何建模和混合建模三种方法。

直接建模是指直接在 ANSYS 中建立有限元模型，进而进行分析计算，而不用建立几何模型后划分网格等。几何建模主要是在 ANSYS 软件中建立几何模型或利用其他软件建立模型继而导入到 ANSYS 之中。混合建模方法是先建立几何模型并划分好网格，再对模型增加其他的单元属性或特征等。本章中模型的建立全部采用先建立几何模型，进而生成有限元模型的方法。

2. 定义单元属性

ANSYS 可定义多种单元类型，大部分为结构单元、杆单元、梁单元、2D 实体、3D 实体、弹簧单元、质量单元等为常用单元。本章 32m 高铁箱梁模型根据实际情况，采用 SOLID65 模拟梁体、承轨台、边墙，预应力筋采用 LINK8，底板和顶板加劲肋根据实际，也采用 SOLID65。本章所采用的 SOLID65 为钢筋混凝土实体元，节点数为 8，可模拟钢筋混凝土的三维结构以及开裂、压碎、应力等情况。

定义实常数是在定义单元类型之后进行，实常数根据单元类型的不同而不同，每个单元均可定义多种实常数，根据分析研究的需要而定。如模拟底板和腹板预应力筋均采用 LINK8，但由于所采用预应力筋数量、类型不同，实常数定义也不同，需分别定义。

ANSYS 可在模型中定义多种材料属性，ANSYS 根据不同的应用，将材料属性分为线弹性和特殊材料两大类，不同材料具有不同的弹性模量、泊松比、密度等，对大部分单元而言，材料属性的定义是为计算单元刚度。

3. 划分网格

ANSYS 划分网格之前需要设置单元形状以及网格类型，两者共同影响网格的生成，两者的组合不同，所生产的网格也不同。如 ANSYS 网格类型分为自由网格划分和映射网格划分，自由网格单元形状不能采用六面体，而映射网格不可采用四面体。

网格划分主要步骤为：

（1）设置网格划分大小与密度。

（2）整合保存网格划分前模型的数据。

（3）根据模型的特点赋予各部分不同的材料属性。

（4）划分网格，生成有限元模型。

应该根据模型的实际情况合理划分网格，网格太少会导致计算结果与实际相差太远，网格划分太密不仅建模工程量增大、程序容易出错导致建模失败，并且在施加荷载计算过程中，使得计算时间过长甚至导致结果不收敛；虽然密分网格能够在一定程度上增大计算结果的精确性，却大大增加了计算时间，浪费了计算机资源。

4. 加载求解

ANSYS 模拟分析中，荷载主要作用在模型内部或外部的作用力函数以及模型的边界条件，结构分析中荷载主要包括位移、力、压力、温度等。荷载既可以施加在未划分网格的几何模型（关键点、线、面）上，也可以划分网格之后直接施加在有限元模型上（节点、单元）上，但在求解时，荷载全部转换到有限元模型上。

ANSYS 的分析类型包括静态分析、屈曲分析、模态分析、谐分析、瞬态分析等。本章主要采用模态、静态、瞬态分析等模块针对高铁箱梁在移动荷载下的动力特性进行分析。

有限元分析是利用划分的有限个单元将连续体进行离散处理，对划分的有限单元进行插值计算来解决实际当中的问题。有限元分析广泛用于求解线性与非线性结构问题，根据连续体的特点将其分解为不同的形状单元，划分的各个单元场函数只包括有限个待定节点，而各个节点之间互相联系影响，将这些有限个单元场函数进行集合便可近似模拟整个连续体的场函数，而后利用力法或位移法，建立有限个待定变量的数值方程组，进而来求解此离散方程得到连续体有限元法的数值解。此种方法常用于结构分析，近年来随着有限元技术的发展，在各个领域都有着比较好的发展利用，具有普遍性。

本章利用 ANSYS 有限元分析法，分析计算流程如下：

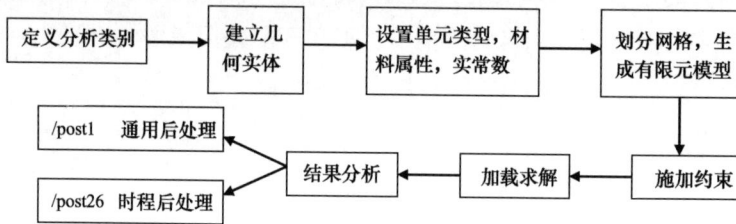

```
┌──────────┐     ┌──────────┐     ┌──────────────┐     ┌──────────────┐
│定义分析类别│ ──→ │建立几何实体│ ──→ │设置单元类型，材│ ──→ │划分网格，生  │
└──────────┘     └──────────┘     │料属性，实常数 │     │成有限元模型  │
                                   └──────────────┘     └──────────────┘
                                                               │
                                                               ↓
┌──────────────────┐     ┌────────┐     ┌────────┐     ┌────────┐
│/post1   通用后处理│ ←─  │结果分析 │ ←── │加载求解 │ ←── │施加约束 │
└──────────────────┘  ╱  └────────┘     └────────┘     └────────┘
┌──────────────────┐ ╱
│/post26  时程后处理│
└──────────────────┘
```

ANSYS 拥有十分强大的后处理模块，通用后处理器可提取分析整个模型在各个时间步长内的位移、速度、加速度、应力应变值，而时程后处理可显示某个节点或单元的位移、速度、加速度时程曲线。

本章在分析阶段首先对模型进行模态分析，提取模型的自振频率，与实测对比验证模型的合理性，而后通过模型的自振频率来计算相关的计算时间步长以及阻尼系数。加载计算结束后，在后处理阶段通过提取各个模型在各时间点上的位移、加速度，以及提取相关节点的位移、加速度时程曲线进行分析比对，研究高铁箱梁模型在高速列车荷载作用下的振动规律以及比选减振措施。

2.3　列车荷载动力方程的建立

对于高铁的研究，近年来随着我国高铁飞速发展，许多高校与机构的学者都在原有铁路研究的基础上，对高铁车桥动力响应及应用方面进行了研究，基于自身研究方向建立车桥分析模型。这些合理性与实用性兼备的分析模型在实测数据的验证下在高铁动力响应的研究中发挥了很大的作用。

目前较常用的车辆模型可简化为以下几种情况[56]：

（1）将高速列车荷载简化为集中力，在箱梁结构上移动。

（2）将高速列车荷载简化为移动质量，在箱梁结构上移动。

（3）将高速列车荷载简化为移动的简谐力，在箱梁结构上移动。

（4）将高速列车荷载看成是簧上质量，在箱梁结构上移动。

以上的几种方法中，将列车荷载看作簧上质量建立模型较为贴近实际，最为精确，但模型的建立也最为复杂。而将列车荷载简化为集中力或移动质量最为简单，在对高铁箱梁动力响应初步研究分析中，将列车荷载简化为移动的集中力或质量无疑是最简单、最便捷的方法。

建立高铁箱梁动力系统运动方程目的在于计算箱梁结构在荷载作用下的时间 - 位移历程，基于此可进一步求得加速度、速度等变量的变化情况[57]。结构的运动方程即为动力平衡方程的数学表达式，而求解运动方程的结果即提供了结构的位移过程。

建立动力体系的运动方程通常有以下几种方法：（1）直接平衡法；（2）虚位移原理；（3）Hamilton 原理；（4）Lagrange 方程。

1. 直接平衡法

直接平衡法的应用是基于 d'Alembert 原理。任何质量的动量变化率应等于作用在这个质量上的力，动力体系的运动应符合牛顿第二定律，该定律的数学微分方程为：

$$p(t) = \frac{\mathrm{d}}{\mathrm{d}t}\left(m\frac{\mathrm{d}u}{\mathrm{d}t}\right) \qquad (2\text{-}1)$$

其中 $p(t)$ 表示作用力矢量，$u(t)$ 表示质量为 m 的位移矢量。当质量不随时间变化时，方程（2-1）可表示为：

$$p(t) = m\frac{\mathrm{d}^2 u}{\mathrm{d}t^2} = m\ddot{u}(t) \qquad (2\text{-}2)$$

或

$$p(t) - m\ddot{u}(t) = 0 \qquad (2\text{-}3)$$

式（2-2）当中 $m\ddot{u}(t)$ 为抵抗质量加速度的惯性力，其方向与质量加速度相反，大小与其成正比，基于式（2-2）可将运动方程转化为动力平衡方程。$p(t)$ 为作用在质量上的各种力，如：施加的外荷载、弹性约束力、速度黏滞力等。因此，在引用抵抗加速度的惯性力时，运动方程即表示作用在质量上所有力相互平衡的关系式。直接平衡法在上述方法中是建立动力体系运动方程最方便直接的方法，但该法的局限在于平衡方程均需直接用矢量表达，使其不适用于复杂体系中。

2. 虚位移原理

在结构包含许多相互间联系的质量点，体系十分复杂的情况下，不易用直接法写出作用于体系中力的平衡方程时，则可以采用虚位移原理来建立运动方程。

虚位移原理可以简述为：若一个平衡的受力体系发生了约束允许的小位移，即虚位移，则体系上的力在虚位移上所做的功为 0，表达为下式：

$$\sum_i p_{M_i} \delta_{y_i} - \sum_i M_i \ddot{y}_i \delta_{y_i} = 0 \qquad (2\text{-}4)$$

式中，p_{M_i} 为作用在体系上的力；$-M_i \ddot{y}_i$ 为惯性力；δ_{y_i} 为虚位移。虚位移法明确地计算了体系上力的作用，虚位移所做的功可导出体系的运动方程。

3. Hamilton 原理

使用以变分形式表示能量方程如广泛应用的 Hamilton 原理是另一种建立系统运动方程的方法，其能够避免建立平衡矢量方程。根据 Hamilton 原理，在任意时间区间 t_1 到 t_2 内，考虑系统非保守力所作功的变分在内的系统位能变分与系统动能之和等于零，可用下式表示：

$$\int_{t_1}^{t_2} \delta(T-V)\mathrm{d}t + \int_{t_1}^{t_2} \delta W_{nc}\mathrm{d}t = 0 \qquad (2\text{-}5)$$

式中　V——体系的位能，包括所有保守外力的势能和应变能；

　　　T——受力体系总动能；

　W_{nc}——作用在体系上的非保守力所作的功之和；

　　　δ——在指定时间区间内的变分。

利用 Hamilton 原理可导出任何给定体系的运动方程。其是积分形式的变分原理，它避免了虚位移法中位移矢量和体系受力的计算，仅对体系中标量能量关系进行表示。

4. Lagrange 方程

大部分结构体系的位能可在广义坐标系中表示，而动能可表示为广义坐标及其对时间的一次导数，非保守力在广义坐标系中任意变分的线性函数可由这组变分所引起的虚位移上所做的虚功表示，即：

$$T = T(u_1, u_2, \cdots, u_n, \dot{u}_1, \dot{u}_2, \cdots, \dot{u}_n) \qquad (2\text{-}6)$$

$$V = V(u_1, u_2, \cdots, u_n) \qquad (2\text{-}7)$$

$$W = R = R(\dot{u}_1, \dot{u}_2, \cdots, \dot{u}_n) \qquad (2\text{-}8)$$

其中 R 表示系统的消散函数。

将其带入式（2-5）中进行分步积分和变分，可得：

$$\int_{t_2}^{t_1}\left\{\sum_{i=1}^{N}\left[-\frac{\mathrm{d}}{\mathrm{d}t}\left(\frac{\partial T}{\partial \dot{u}_i}\right)+\frac{\partial T}{\partial u_i}-\frac{\partial V}{\partial u_i}+\frac{\partial R}{\partial \dot{u}_i}\right]\delta u_i\right\}\mathrm{d}t=0 \tag{2-9}$$

式中所有变分 δu_i（i=1, 2, $n\cdots$）都是任意的，只有方括号内的各项之和为零时，式（2-9）才具有普遍适用性，令 Lagrange 函数 $L = T - V$，可得到 Lagrange 方程：

$$\frac{\mathrm{d}}{\mathrm{d}t}\left(\frac{\partial L}{\partial \dot{a}}\right)-\frac{\partial L}{\partial a}+\frac{\partial R}{\partial \dot{a}}=0 \tag{2-10}$$

将 T、V、R 的表达式带入 Lagrange 方程中，就可得到系统的运动方程。Hamilton 原理利用积分形式来建立系统运动方程，Lagrange 方程则是利用微分形式，二者形式不同，但均是利用能量变分建立方程。二者均是用体系当中动能与位能变分来替代惯性力与保守力的作用。

以上 4 种方法均可导出相同的系统运动方程，根据系统动力体系的不同而选取不同的方法。较简单的问题一般选用解析法，故直接平衡法使用较多。在利用有限元进行数值模拟等情况下，一般采用其他三种方法。

在高铁箱梁振动响应有限元分析中，高速列车荷载的模拟有别于普通荷载，是分析中的一项关键问题。在数值模拟中，高速列车荷载可通过多轮对组合采用 Fourier 级数进行模拟[58]。现今的高铁建设，根据结构与运行速度的不同，分为有砟轨道与无砟轨道，无砟轨道轨枕本身是混凝土浇灌而成，而路基也不用碎石、钢轨、轨枕直接铺在混凝土路基上。传统的列车运行荷载首先作用在铁轨上，而后通过轨枕传导到下部土层基础上；列车在无砟轨道运行时，荷载直接作用在混凝土铺筑的整体结构上，对结构整体的要求较高。振动波具有叠加性，可将列车荷载简单看作具有周期性变化的振动波，从而可将列车荷载简单模拟为一个周期性的激励力。

高铁列车运行与普通列车相比其速度的大幅提高对轨道以及箱梁结构都有很高的要求，所以高铁列车荷载的模拟需要考虑以下几个方面的影响：（1）列车自身的动力性能；（2）列车轨道的平顺性；（3）轨道的不均匀磨耗；（4）列车的速度等。对高铁而言，列车速度与轨道的平顺性显得尤为重要。

近年来针对列车荷载作用的大量理论研究与实测资料表明，高速列车的竖向轮轨力在 0.5 ～ 10Hz 的低频范围内产生的原因在于列车车辆机身的悬吊部分的相对运动；在 30 ～ 60Hz 的中频范围内竖向轮轨力的产生源自列车运行时簧下质量与钢轨的接触回弹作用；而在 100 ～ 400 Hz 的高频阶段，由于振动剧烈，轮对运行与轨道接触面之间的拮抗作用产生了竖向轮轨力。轨道、线路、轨表磨耗不平顺以及轮周局部扁瘢是列车产生竖向轮轨力的主要原因。

高速铁路因其自身特点对运行速度及轨道平顺性的特殊要求，使高铁线路的轨下基础较普通铁路更为稳固，列车竖向轮轨作用力变化主要受到轨道平顺性及车轮与铁轨之间的波形磨耗的影响，高铁线路的高稳固性使得轨道平顺性主要受随机因素的影响。日本高铁线路发展时间较早，1964 年建立第一条高铁线路东海道新干线后对相关问题进行了大量的研究与分析，并制定了硬性标准，对于运行速度 200km/h 以上的铁路线，铁路部门就轨道不平顺的运行维修标准为：安全度目标值为每 10m 不超过 11mm ；舒适度标准值为每 11m 不超过 6mm。

英国铁路技术中心对运行速度 200km/h 以上的列车轨道进行了大量实测与研究，制定了高速铁路轨道随机不平顺管理标准[58]，如表 2-1 所示。

英国轨道几何不平顺管理标准表　　　　　　　　　　　　　　表 2-1

控制条件	波长（m）	正矢（mm）
路面附加荷载	5 2 1	2.5 0.6 0.3
车辆运行平稳性	50 20 10	16 9 5
车轮波形磨耗	0.5 0.05	0.1 0.005

综上所述，对于列车运行产生的荷载可进行简化模拟，采用一个由车辆静载及数个正弦函数对相关附加荷载进行模拟的动力荷载构成的激励函数进行表达，形式如下：

$$F(t)=k_1 k_2 (P_0 + P_1 \sin \omega_1 t + P_2 \sin \omega_2 t + P_3 \sin \omega_3 t) \tag{2-11}$$

其中 P_0 为列车车轮静载，大小为车辆轴重的 1/2 ；P_1、P_2、P_3 与表 2-1 对应分别表示列车运行平稳性、桥面附加荷载及车轮波形磨耗所诱发的动力荷载。

假设高铁列车车轮簧下质量为 M_0，S_i 为表 2-1 中给出的三种影响因素下的矢高，ω_i 角频率，则可将列车运行的动载用下式表示：

$$P_1 = M_0 S_i \omega_i \qquad (2\text{-}12)$$

ω_i 的计算式为：

$$\omega_i = 2\pi v / L_i \qquad (2\text{-}13)$$

其中 v 为列车的运行速度，L_i 为上表中对应的各个轨道几何不平顺情况下的波长。

由式（2-1）可知，列车与轨道之间的竖向轮轨作用力用 3 个不同的正弦函数分别对上文中提及的高频、中频、低频三个阶段进行模拟，与表 2-1 中的列车运行平稳性、桥面附加荷载及车轮的波形磨耗产生的激励作用一一对应，对于列车运行动载的表达也涵盖了不同类型车辆及各个影响因素的影响，对列车簧下质量、轴重、轨道平顺性等均加以考虑，还包括桥面附加荷载、车轮波形磨耗等因素的影响。式（2-13）还将高速列车运行速度、振动频率等加以考虑，综合来看，该表达式较为全面地反映了列车运行时所产生的荷载，可在接下来的动力分析中进行模拟计算。

2.4 ANSYS 积分时间步长的确定

高铁箱梁有限元模型在高速列车荷载作用下的动力响应分析，计算结果的可靠性、精确性必须得到保证，在瞬态分析中施加的列车动载为一个包含数值为时间函数的荷载，瞬态分析的精度决定了积分时间步长的大小，而确定一个合理的积分步长关系到计算结果的正确性与分析效率的高低，时间步长过小将增加积分步数，耗费大量的计算时间并积累误差，影响结果；积分时间步长过大容易降低计算精度，甚至将导致结果发散，所以确定最优的时间步长在结构动力分析中显得尤为重要。最优时间步长的确定应遵循以下几条准则：

计算结构动力响应频率时，时间步长应足够小以能求解出结构的响应。

（1）结构的动力响应首先进行模态分析，求得结构的各阶自振频率，因而选取的积分时间步长应满足能够求解对结构影响较大的前几阶自振频率。对于 Newmark 时间积分，当积分时间步长取值为结构自振周期的 1/20 时，即积分时间步长 ITS $= T/20$，可得到较为精确的结果，当取为 1/50 的自振周期时误差可忽略不计。

（2）计算波的传播时，应当根据有限元模型划分的单元大小来确定积分步长，且积分时间步长应当小到当波在单元之间传播时足以捕捉到波。

（3）计算非线性结构时，大多数问题在满足前两个准则的积分时间步长就能捕捉到非线性行为。

在确定了积分时间步长后，具体分析中应该用最小的积分步长值。可设置自动时间步长在计算中根据需要在相应时间点改变积分时间步长，这样不仅可适当减少子步数，并且可大大减少可能需要重新分析的次数。在求解非线性结构时，可适当增加结构载荷，如果达不到收敛则可回溯到之前求得的收敛解。在模型计算中应避免使用过小的积分时间步长，尤其是在建立初始条件时，这样可能会导致数值模拟障碍。

在下列情况不适宜使用自动时间步长：

（1）只在结构的局部产生动力效应的问题。因为此时结构内部的高频能量部分远远低于低频部分。

（2）受恒定激励如地震荷载等情况。

（3）运动学问题。此时结构动力响应频率主要受刚体运动的影响。

2.5　ANSYS 阻尼特性的计算

振动波在材料介质中传播时，由于有材料阻尼与几何阻尼的存在，其振动波峰在传播过程当中能量密度不断衰减，振幅也不断减小。结构当中阻尼主要受到材料性质类别、介质间摩擦损耗、结构能量耗散等因素的影响。ANSYS 结构分析中阻尼的选取十分重要，合理定义阻尼能够得到与实际贴近的分析结果，若选取不当，则可能产生较大的误差，造成分析结果不准确。

阻尼通常用矩阵的形式表示，而在实际分析中，阻尼矩阵较难测算直接获取，因此，为简化计算，通常取用 Rayleigh 阻尼进行分析，Alpha 阻尼（质量阻尼比例系数）和 Beta 阻尼（刚度阻尼比例系数）被用于定义瑞利 Rayleigh 阻尼系数 α 和 β。阻尼矩阵可用刚度阻尼和质量阻尼进行表示，假设其于质量矩阵和刚度矩阵均成正比，利用式（2-14）可表示结构的阻尼矩阵，进而近似求得结构的阻尼值[59]。

$$[C]=\alpha[M]+\beta[K] \tag{2-14}$$

通过振型正交，质量阻尼比例系数 α 和刚度阻尼比例系数 β 与振型阻尼比 ξ 之间的关系满足式（2-15）：

$$\xi=\frac{\alpha}{2\omega_i}+\frac{\beta\omega_i}{2};0\leqslant\omega_i\leqslant\omega_{\max}\ (i=1,2,3,\cdots,n) \tag{2-15}$$

式中，ξ 表示振型阻尼比；ω_i 为结构固有频率；α、β 为阻尼系数。

结构振型阻尼比在高铁箱梁结构中可通过实验近似求得 ξ_i 和 ξ_j，当实际工程分析测量难度较大，不易测得结构的振型阻尼比时，可将各阶振型阻尼比近似取值 0.05，或各阶对应阻尼比浮动 2% ~ 20%。结构固有频率 ω 可通过结构模态分析求取第 i、j 阶的振型 ω_i、ω_j，进而利用式（2-15）分别求得阻尼比例系数 α 和 β 的数学表达式：

$$\alpha=2\omega_i\omega_j(\xi_i\omega_j-\xi_j\omega_i)/(\omega_j^2-\omega_i^2) \tag{2-16}$$

$$\beta=2(\xi_j\omega_j-\xi_i\omega_i)/(\omega_j^2-\omega_i^2) \tag{2-17}$$

第 3 章 列车荷载作用下高铁箱梁结构振动特性分析

3.1 概述

我国对高速铁路的定义为：新建设计运行时速 250km（含预留）及以上的动车组列车和初期运营速度不小于时速 200km 的客运专线铁路。可见运行时速 250km 是高速铁路的硬性标准，这个速度标准在实际当中有着安全性的保留，我国大部分高速铁路的设计时速都在 300km 以上，部分可到 350km/h 的安全运行限值，具备提速标准。

我国高速铁路箱梁目前基本上分为三大类：（1）时速 350km 客运专线无砟轨道箱梁；（2）时速 250km 客运专线有砟轨道箱梁（兼顾货运）；（3）时速 250km 客运专线（城际铁路）有（无）砟轨道箱梁。

高铁箱梁 - 通桥（2005/2008）2322A，时速 350km 客运专线无砟轨道箱梁代表我国高铁箱梁的最高水平，单箱单室结构，其设计时速 350km，5m 线间距，重量约 900t，形象内实外美。就目前而言，只有使用 2322A 箱梁的客运专线才是真正意义上的时速 350km 高铁，如图 3-1、图 3-2 所示。

图 3-1 箱梁通桥（2005/2008）2322A

图 3-2　2322A 无砟轨道

　　高铁箱梁 - 通桥（2005/2008）2221A，时速 250km 客运专线有砟轨道箱梁（兼顾货运）。2221A 是目前国内适应性最强的箱梁型号，在满足客专线路要求的同时，还能兼顾货运；单箱单室结构，线间距 4.4m、4.6m、4.8m、5m；以有砟轨道为主，设计时速 200km，预留 250km（派生型号达 300 ～ 350km），如图 3-3、图 3-4 所示。

　　高铁箱梁 2224A（单箱双室），时速 250km 客运专线（城际铁路）有（无）砟轨道箱梁，是第一代城际铁路箱梁。设计时速 200 ～ 250km（有进一步提速条件），线间距 4.4m、4.6m、4.8m，重量约 700t，最大的特点就是采用单箱双室的结构，2224A 型箱梁在沪宁线上采用 4.8m 线间距，运行时速可达 350km/h。如图 3-5、图 3-6 所示。

图 3-3　高铁石太线 2221 箱梁

23

图 3-4　高铁兰新线 2221A 箱梁

图 3-5　高铁郑开线 2224A 箱梁

图 3-6　高铁沪宁线 2224A 箱梁

3.2 铁路箱梁设计参数

我国高铁早期建设普遍采用 24m 跨度箱梁结构，近年来随着高速铁路大量建设，更大跨度的箱梁得到了更为广泛的运用。高铁由于对运行条件的高要求，对箱梁结构也有更高的标准，普通铁路线桥梁结构跨度不一，但据已有资料可知，有跨度 64m 以上的箱梁结构用于铁路箱梁的设计应用，而目前国内常用高铁箱梁桥跨度为 24m 和 32m，以 32m 箱梁更为普遍，个别路段由于建设条件的差异与限制，采用 40m 甚至以上跨度的箱梁结构，研究表明跨度更大的箱梁结构是未来高铁发展的一个趋势，就目前而言，32m 箱形梁结构在高铁建设中运用最为广泛。

高铁箱梁根据运行时速以及跨度的不同，对梁体设计的硬性标准也不一，表 3-1 为各国高铁桥梁桥面尺寸汇总表[60]；表 3-2 为各国高速铁路预应力混凝土简支梁结构参数表[61]；表 3-3 为国内桥梁桥面尺寸汇总表[62]；表 3-4 为高铁简支箱梁主要设计参数表[63]。

各国高铁桥梁桥面尺寸汇总表   表 3-1

国名	设计时速（km/h）	线间距（m）	桥面宽（m）
德国	300	4.7	14.3
意大利	300	5.0	13.6
西班牙	300 350	4.3 4.5	11.6 11.6
日本	250	4.3	11.3
法国	300 350	4.2 4.5	12.66 12.66

各国高速铁路预应力混凝土简支梁结构参数表   表 3-2

国家或地区	截面形式	跨度（m）	梁高（m）	高跨比	挠跨比
德国	箱梁	42	4	1/10.4	1/3744
德国	箱梁	23	2.4	1/9.58	1/3744
意大利	箱梁	23	2.5	1/9.2	

续表

国家或地区	截面形式	跨度（m）	梁高（m）	高跨比	挠跨比
西班牙	5 片式	24	2.3	1/10.4	1/3649
日本	4 片式 6 片式	29.2 34.2	2.65 2.65	1/11 1/12.9	
法国	槽型梁	50	5.7	1/8.77	
韩国	简支变连续箱梁 简支变连续箱梁	25 40	2.5 3.5	1/10 1/11.4	
台湾	箱梁	30	3.08	1/9.74	

国内桥梁桥面尺寸汇总表　　　　　　　　　表 3-3

国内	设计时速（km/h）	线间距（m）	栏杆内侧净宽（m）	车辆宽（m）
"高速暂规"	350	5	13.2	3.4
"250 规范"	250	4.6	12.8	3.4
"客货暂规"	200	4.4	11.9	3.4
秦沈客专	250	4.6	12.1	3.4
广珠城际	200	4.4	11.6	3.4

高铁简支箱梁主要设计参数　　　　　　　　　表 3-4

梁型	跨度（m）	梁高（m）	顶宽（m）	底宽（m）	箱顶宽（m）
整孔 预制 箱梁	20	2.4	13.4	5.98	6.7
	24	2.4	13.4	5.98	6.7
	24	3.0	13.4	5.74	6.7
	32	3.0	13.4	5.74	6.7

　　由上述四个表可知，根据我国《新建时速 300 ～ 350km 客运专线铁路设计暂行规定》，时速 350km 高速铁路箱梁线间距不得小于 5m，梁顶栏杆内侧净宽不得小于 13.2m。32m 箱梁梁高不小于 2.4m 便能够满足高速运行的要求。而

在满足高铁运行速度的同时，列车运行的平稳性与旅客的乘车舒适性也是衡量高铁技术水平的重要标准。我国建成的第一条高铁秦沈客专，设计运行速度为200km/h，采用箱梁结构，高跨比为1/12，挠跨比为1/4000，根据模拟实验计算结果与实测数据，当运行速度为200km/h时，该列车运行舒适度为优良，当时速为250km时，舒适度为良好，再将运行速度进一步提高时，振动、舒适度等指标均不同程度下降。但当采用32m箱梁，梁高为2.4m时建立模型，结构挠跨比为1/3095，高跨比为1/13.3，进行模拟计算时发现，受高跨比的影响，列车在时速200km的运行速度下运行，舒适度等各方面指标均受到较大影响，并已接近标准限值。国外高铁箱梁桥建设中，为保证结构要求与舒适度，均采用较大梁高，高跨比一般为1/11 ～ 1/9。现实中还需考虑施工、养护等工作的操作空间需要，对于24m箱梁，梁高为2.4m时，在满足规范对箱梁施工净空要求的同时，也满足了结构投入使用后的动力性能指标。对于32m箱梁结构，通过动力仿真验算，在时速300km的列车荷载作用下，梁高2.8m就能满足结构与舒适度的要求，而增大梁高能够进一步改善桥梁的动力响应性能。《中法铁路客运专线桥梁合作研究》中对跨度40m以下的高铁箱梁在时速350km的运行速度下，结构挠跨比的最低限值应为1/2500。

经过上述分析比选，本章选取时速350km高速铁路32m箱梁作为研究对象，其梁高为3.05m，顶宽为13.4m，底宽为5.5m，其他细部尺寸如图3-7所示。

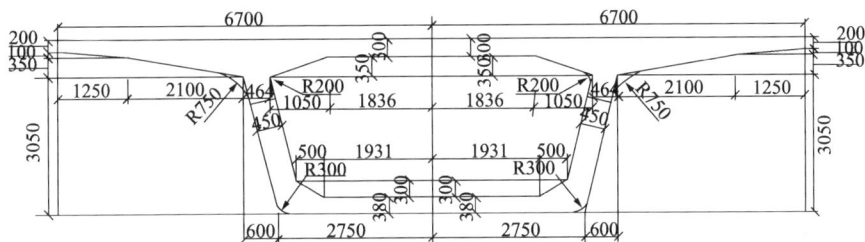

图3-7 箱梁截面示意图

高铁箱梁无砟轨道由铁轨、扣件、单元板等组成，起减振、减压作用。无砟轨道的轨枕全部由混凝土浇灌而成，路基也不用碎石堆砌，铁轨、轨枕直接铺在混凝土路上。无砟轨道是铁路发展至今最为先进的轨道技术，可以美化环境、减少维护、降低粉尘，而且无砟轨道列车运行速度可达300km/h以上。本章将采用无砟轨道建立模型，细部尺寸如图3-8所示。

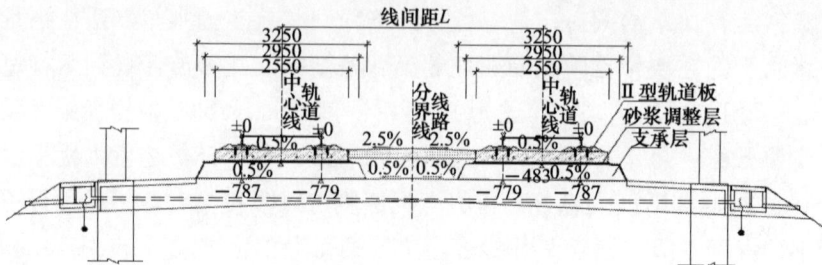

图 3-8　高铁箱梁无砟轨道示意图

3.3　箱梁有限元模型的建立及相关参数选择

确定了箱梁的实体模型，接下来就是建立箱梁有限元模型。箱梁有限元模型的建立需要综合考虑各方面的因素，轨下基础的尺寸与位置、预应力筋的位置、列车线间距、整体模型单元尺寸的大小都需要预先考虑。由于模型较大，对于模型划分网格单元的尺寸大小需要慎重考虑，网格划分太密能够提高计算的精度，但需要耗费大量的计算时间，并且对计算机的性能要求较高。若网格尺寸太大，则会影响列车运行带来的振动波在梁体内的逸散，导致最终计算结果不准确，故 32m 箱梁模型在纵向单元长度取为 0.32m，即纵向划分为 100 个网格，横向由于需要考虑轨下基础、线间距、预应力筋的尺寸与位置，除去个别为模型整体建模考虑的细部单元划分，其余各单元尺寸约为 0.3m。

ANSYS 对钢筋混凝土结构的分析中，钢筋的处理方式主要有整体式、分离式、组合式三种[64,65]。整体式模型将钢筋混凝土单元看作连续均匀材料，假定钢筋与混凝土之间固结良好，可一次性求得单元的刚度矩阵，把单元视为连续均匀材料，钢筋弥散于整个单元中，一次求得综合的刚度矩阵 $D = D_c + D_s$[64]，其由混凝土与钢筋的刚度矩阵综合而成，混凝土在开裂前被看作连续均质体。

分离式模型是将钢筋与混凝土看作不同的单元，混凝土为实体单元，而钢筋被视为线单元，分别建立模型，通过节点之间的联系将钢筋与混凝土连接起来，各自划分单元。通过插入粘结单元来对钢筋与混凝土之间的滑移与粘结进行模拟。此种方法较合理地模拟了钢筋与混凝土之间的作用，本章也采用此种方法对预应力筋进行模拟。

本章箱梁模型中将采用 SOLID65 单元对混凝土及其中的普通受力筋、构造筋进行模拟，不考虑钢筋与混凝土之间的粘结与滑移。而预应力筋将采用 LINK8 单元与混凝土分别建立模型，底板的预应力筋对称布置，共 11 根，腹板中单排竖向布置 4 根预应力筋。

确定了箱梁三维实体模型，而后对实体模型进行网格划分，得到 32m 箱梁有限元模型，模型为单箱单室结构，在端部对腔室进行了封堵，内部为空腔。本章为简化模型加载，故不建立轨道模型，在后续动力分析中直接将荷载施加到承轨台轨道相应位置进行模拟。模型共 17832 个单元，23882 个节点，有限元模型如图 3-9 所示。

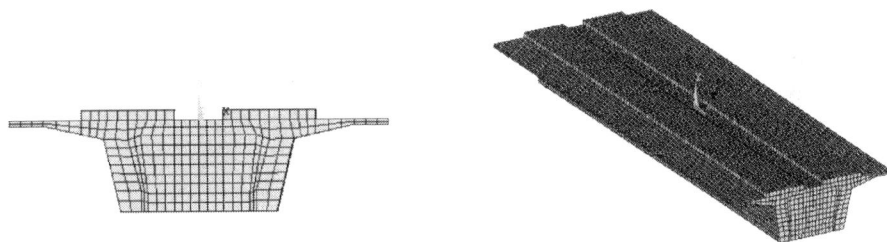

图 3-9 32m 箱梁有限元模型示意图

梁体材料属性如表 3-5 所示：

梁体材料参数表 表 3-5

名称	密度（$kg \cdot m^{-3}$）	弹性模量（MPa）	泊松比
梁体	2600	34.5	0.2
预应力筋	7800	207	0.3
承轨台	2600	33.5	0.167
加劲肋	7850	206	0.3

3.4 箱梁有限元模型模态分析结果

对模型进行模态分析，表 3-6 列出了 32m 高铁箱梁前 4 阶自振频率计算结果。

32m 箱梁前四阶自振频率　　　　　　表 3-6

振型	频率（Hz）	周期（s）
1	6.143	0.1628
2	13.442	0.0743
3	16.942	0.059
4	17.147	0.058

表 3-7 给出了时速 350km 高速铁路 32m 箱梁按规范计算的梁体基频及挠度值。

时速 350km/h 高铁 32m 箱梁按规范计算限值与设计值对比表　　表 3-7

方法	梁体挠度（mm）		梁体基频（Hz）	
	有砟桥面	无砟桥面	有砟桥面	无砟桥面
按规范计算限值	20	20	4.67	4.67
设计值	6.1	6.2	4.67	4.73～5.07

图 3-10 是高铁各线路箱梁实测基频值统计 [67]。

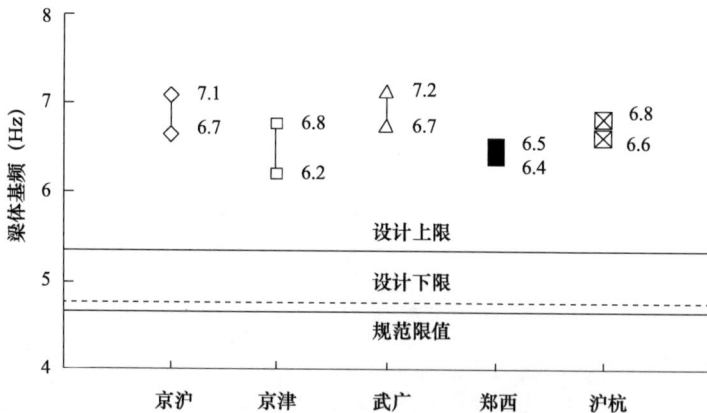

图 3-10　高铁各线路箱梁实测基频值统计表

在高速铁路联合调试及综合实验过程中对箱梁基频及刚度进行了统计测试，时速 350km 高速铁路 32m 无砟轨道箱梁按规范计算的梁体基频下限为 4.67Hz，上限为5.07Hz，图3-10为高铁京沪线、京津线、武广线、郑西线、沪杭线的箱梁实测基频的统计值，在图中一并给出了根据规范测算的高铁箱梁基频设计下限与上限。通过比较可以看出，实际测算的梁体基频全部都6Hz以上，与理论计算的4.67～5.07Hz相比提高幅度很大，究其原因，可能是由于混凝土弹性模量变化、二期恒载、桥梁与轨道结构相互作用等因素的影响。

对于我国高铁建设中大量采用的32m跨度箱梁，《高速铁路设计规范》（试行）中规定高铁箱梁基频下限为3.03Hz，对时速350km高铁32m箱梁规定基频不小于4.67Hz可不进行车桥耦合动力测算。

综合以上分析对比，我国对高铁箱梁基频的规定比较合理，通过ANSYS建立的箱梁有限元模型模态分析测得到模型一阶自振频率为6.143Hz，满足国家规定的箱梁基频要求，并且与一系列高铁箱梁基频实测值吻合，验证了通过数值模拟进行工程分析的合理性，可进一步对高铁箱梁动力特性进行研究分析。

图3-11为32m箱梁前四阶振型。

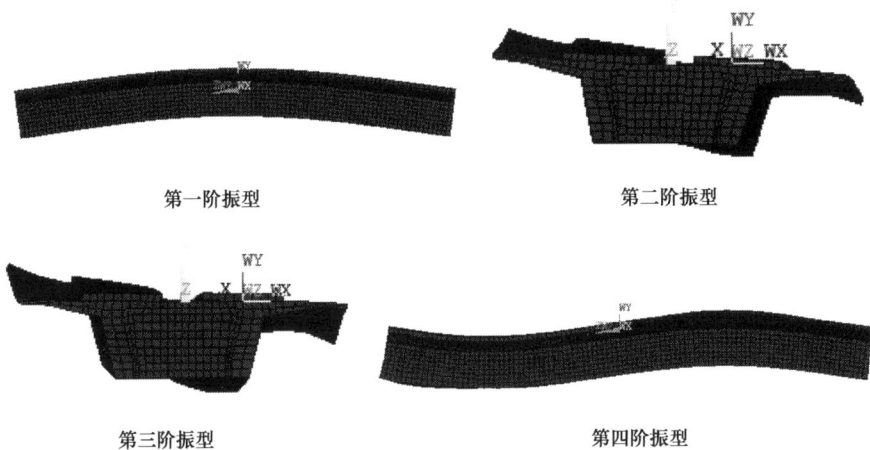

第一阶振型

第二阶振型

第三阶振型

第四阶振型

图3-11　32m箱梁前四阶振型

由上图可看出，箱梁的第一阶振型为竖向振动，关于纵对称面、横对称面成正对称；第二阶、第三阶振型为梁体竖向、横向振动的组合振动，均关于纵对称面与横对称面成反对称；第四阶振型为梁体竖向振动，关于纵对称面、横对称面均成反对称。

梁体在荷载作用下的动力响应问题主要受到结构前几阶主振型的控制，以上四阶振型的分析能够充分地反映箱梁的动力特性。

3.5 列车荷载模拟及加载方式

我国目前投入运营的动车组型号种类繁多,主要有 CRH1、CRH2、CRH3、CRH5 等,其中设计具备投入运行 350km/h 的动车组型号为 CRH3,试验最高时速达 394.2km/h,最高运营速度为 350km/h,CRH3 动车组列车基本结构及设计参数如表 3-8 所示。

CRH3 动车组基本参数表 表 3-8

名称	转向架轴重	运营速度	车厢长度	转向架轴距	转向架中心距
CRH3	15t	350km/h	25m	2.5m	17.375m

本章采用 CRH3 动车组前两节车厢如图 3-12(a)所示,共两节车厢、八对轮对通过箱梁模型,每对轮对简化为一组集中荷载按时速 350km 的速度通过箱梁结构进行加载计算,具体轮对尺寸与位置如图 3-12(b)所示。

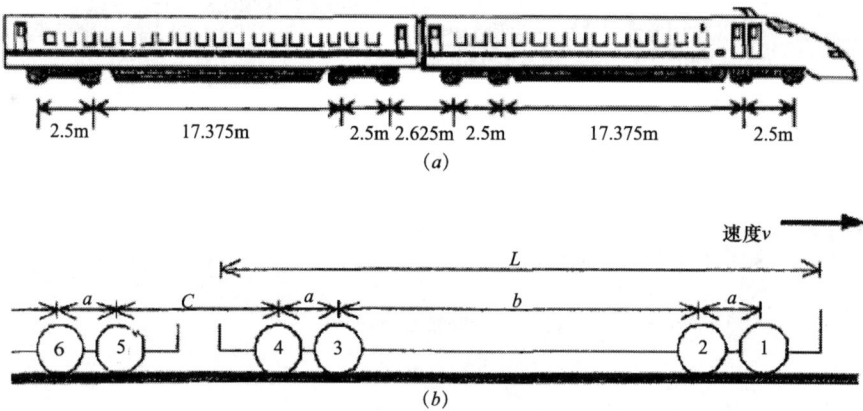

(a)

(b)

图 3-12 CRH3 列车示意图

两节车厢经过箱梁结构具体过程表述如下,如图 3-12 所示,两节车厢共八对轮对,设列车速度为 v,第一对轮对刚接触 32m 箱梁时开始计时,经过时间 a/v,第二对轮对进入箱梁结构,再经过时间 b/v,第三对轮对接触箱梁结构,后续轮对以此类推,直至完全离开箱梁,加载结束。由前文得知,CRH3 列车长度为 25m,具体到轮对距离,1~4 号轮对相距 22.375m,1~6 号轮对相距 27.5m,

而箱梁跨度为 32m，模拟箱梁结构在列车荷载作用时，首先是一对轮对荷载作用于箱梁上，经过 $(2a+b)/v$ 秒后，四对轮对作用在箱梁上，在经过 $(a+c)/v$ 秒后，共六对轮对作用于箱梁，而后前两对轮对离开箱梁，剩下轮对按顺序以此类推。

单单考虑一列车厢过桥，荷载激励不能涵盖轮对荷载作用于箱梁的全过程，而考虑三列以上车厢，又只是对前两列车厢动力作用的单调重复，不仅对计算结果无更多贡献，还大大增加了计算时间。综上所述，考虑两节车厢动力荷载通过 32m 箱梁就可全面而准确地模拟列车荷载的激励作用及箱梁的动力响应。

由表 3-8 可知，CRH3 动车组列车轴重为 15t，则单边车轮取 75kN，簧下质量可按参考文献中取值 1700kg，考虑高速列车 350km/h 的运行速度，简化列车车轮荷载需要对表 2-1 中三种影响因素下轨道的集合不平顺波长及相应的正矢高度进行调整，如下：

（1）车辆自身运行不平顺性因素，波长取值调整为 10m，正矢调整为 5mm。

（2）桥面附加荷载导致的不平顺性因素，波长调整为 1m，正矢调整为 0.3mm。

（3）轮对波形磨耗导致的不平顺因素，波长调整为 0.5m，正矢调整为 0.1mm。

CRH3 动车组车厢长度为 25m，列车激振频率 $f = 0.011v$，v 为列车速度，单位为 m/s，时速 350km 的高速铁路 32m 箱梁竖向基频为 6.143Hz，CRH 系列动车组车体的竖向基频约为 1Hz，可求得共振速度为 708km/h 和 115km/h。

第 2 章中对于荷载简化模拟给出的激励表达式（2-1）中系数 k_1、k_2 与所选列车的型号、运行速度、轴重、车身长度等因素有关，参考文献 [51] 可知，k_1 取值范围为 $1.2 \sim 1.7$，k_2 取值范围为 $0.6 \sim 0.9$。本章中计算对 k_1 取值为 1.5，k_2 为 0.7。

3.6 荷载作用下箱梁结构振动特性分析

3.6.1 单向荷载作用下箱梁结构整体振动特性分析

单向行驶的两节时速 350km 车厢通过 32m 箱梁共需时间 0.88s，在模拟计算过程中，将模拟高速列车通过 32m 箱梁的时间分为 500 个时间节点，共历时 1.643s，前 265 个时间节点模拟列车荷载通过箱梁，共历时 0.88s，后 235 个节点为无荷载作用下结构振动衰减过程。不同时间点代表不同荷载作用于箱梁，对结构的影响也不同，选取典型时间节点对箱梁整体在不同轮对荷载作用下进行分析，其中时间节点 2 代表第一对轮对接触箱梁，节点 10 代表前两对轮对接触作用于箱梁，节点 72 代表前四对轮对共同接触作用于箱梁结构，节点 104 代表前六对轮对共同作用于箱梁，而后陆续有轮对驶进、驶离箱梁，最终轮对荷载全部驶离箱梁，模拟结束。分析中具代表性的时间节点有很多，本章分析取最具代表意义的时间节点 2、10、72、104 对箱梁结构在荷载作用下的激励作用进行分析，选取结构位移、加速度为考察量分析箱梁结构的振动特性。图 3-13 为 4 个时间节点下结构竖向位移云图；图 3-14 为 4 个时间节点下结构横向位移云图；图 3-15 为 4 个时间节点下结构竖向加速度云图；图 3-16 为 4 个时间节点下结构横向加速度云图。从上至下依次为节点 2、10、72、104，下同。0m 位置为列车荷载刚驶入箱梁结构位置，32m 位置为列车荷载刚驶出箱梁结构位置。

从图 3-13 可以看出，在四个时间节点下，箱梁结构顶板跨中位置及附近区域均有较大的竖向正位移，梁体两端及下部为竖向负位移，这是由于梁体在自身重力及预应力筋的作用下有一个向上的拱度，致使结构跨中区域有一个向上的竖向位移。节点 10 时两对轮对荷载作用于结构梁端，较节点 2 时使梁体竖向正、负位移均小幅度增大，但影响微弱；节点 72 时四对轮对荷载作用下，较之前梁体跨中竖向正位移及梁端竖向负位移无论大小和区域均有所减小；在节点 104 时六对轮对荷载作用下，结构竖向位移减小的趋势进一步增强，并且在荷载作用一侧更为明显，这是由于结构随着荷载作用增强有一个明显的向下的位移，抵消了一部分预应力筋作用下结构的竖向正位移。

由图 3-14 可看出，结构的横向位移在列车荷载作用下并不明显，对结构的变形影响也不大，4 个不同的时间点上结构横向位移有诸多相似之处，比较而言，结构均在列车荷载作用的一侧承轨台与梁体有较大横向正位移，在另一侧横向负位移较大，箱梁 32m 端部位置左下角梁体存在较大横向正位移，右下角则表现为负位移，随着轮对荷载的增多，荷载作用一侧横向正位移随之增大。上述现象的原因均是荷载单边作用的结果，就整体而言，箱梁结构在列车荷载作用下横向位移较竖向位移并不显著。

如图 3-15 可看出，在各个时间点下结构竖向加速度峰值均明显出现在承轨台处轮对荷载作用点上，这是由于轮对荷载作用点位置激励作用尤为明显，结构在轮对荷载作用位置抵抗荷载冲击，竖向加速度较大，变化也大，故结构竖向加速度峰值均出现在轮对荷载作用点上。

如图 3-16 所示，结构横向加速度受列车荷载影响较小，在四个时间点下均整体呈现横向负加速度。横向正加速度峰值均出现在箱梁 0m 位置附近轮对荷载

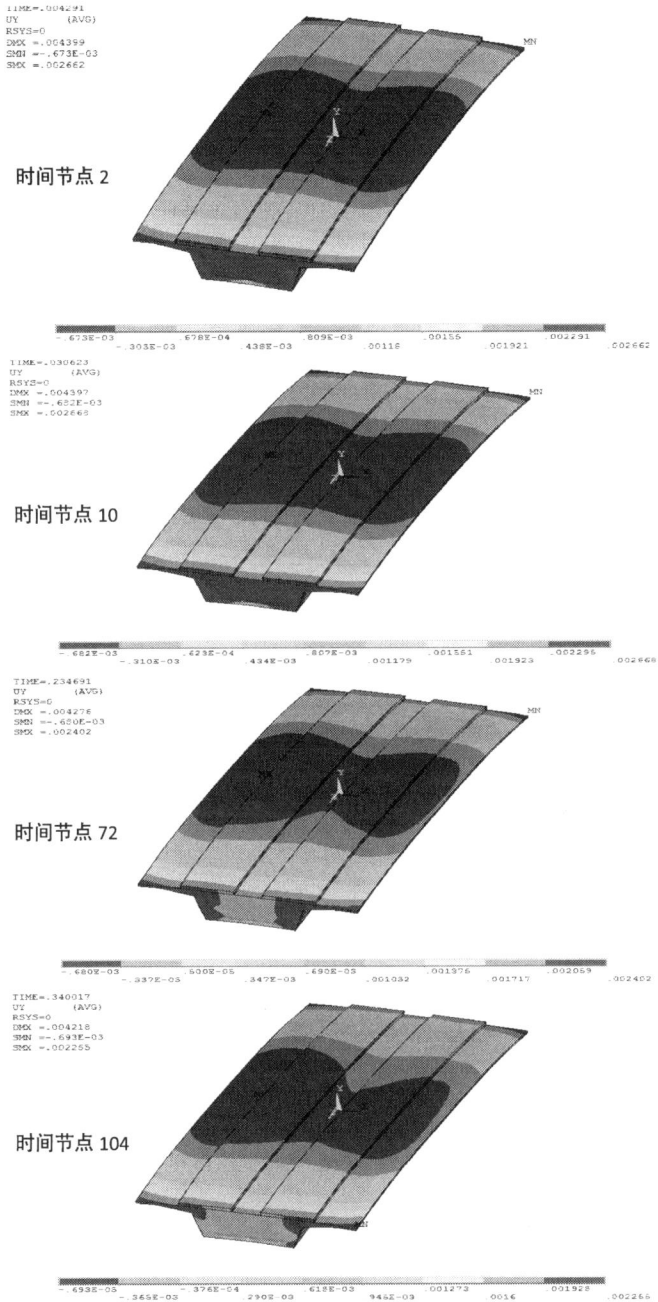

图3-13 4个时间节点下结构竖向位移云图

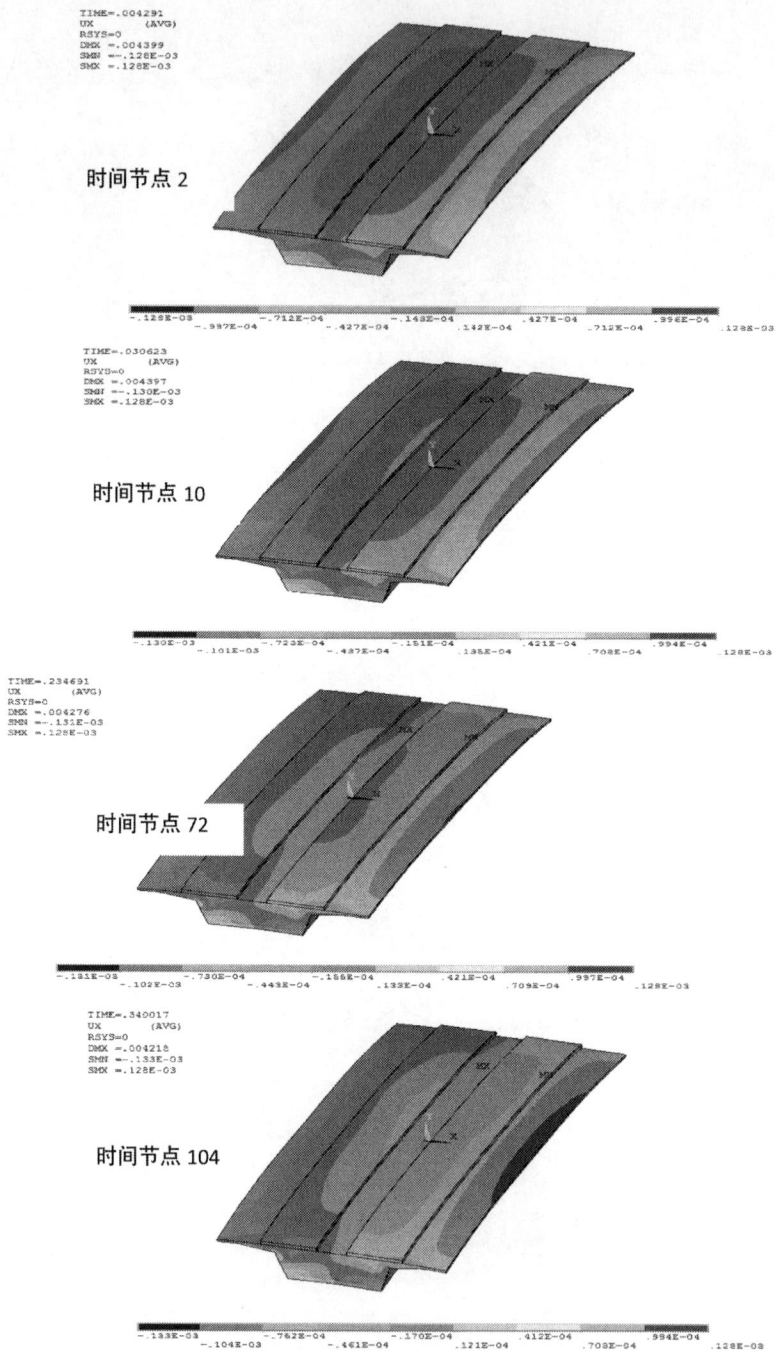

TIME=.004291
UX (AVG)
RSYS=0
DMX =.004399
SMN =-.128E-03
SMX =.128E-03

时间节点 2

-.128E-03 -.712E-04 -.143E-04 .142E-04 .427E-04 .712E-04 .994E-04 .128E-03
-.997E-04 -.427E-04

TIME=.030623
UX (AVG)
RSYS=0
DMX =.004397
SMN =-.130E-03
SMX =.128E-03

时间节点 10

-.130E-03 -.723E-04 -.487E-04 .135E-04 .421E-04 .708E-04 .994E-04 .128E-03
-.101E-03 -.151E-04

TIME=.234691
UX (AVG)
RSYS=0
DMX =.004276
SMN =-.131E-03
SMX =.128E-03

时间节点 72

-.181E-03 -.730E-04 -.155E-04 .421E-04 .709E-04 .997E-04 .128E-03
-.102E-03 -.443E-04 -.133E-04

TIME=.340017
UX (AVG)
RSYS=0
DMX =.004218
SMN =-.133E-03
SMX =.128E-03

时间节点 104

-.133E-03 -.762E-04 -.170E-04 .121E-04 .412E-04 .708E-04 .994E-04 .128E-03
-.104E-03 -.461E-04

图 3-14 4 个时间节点下结构横向位移云图

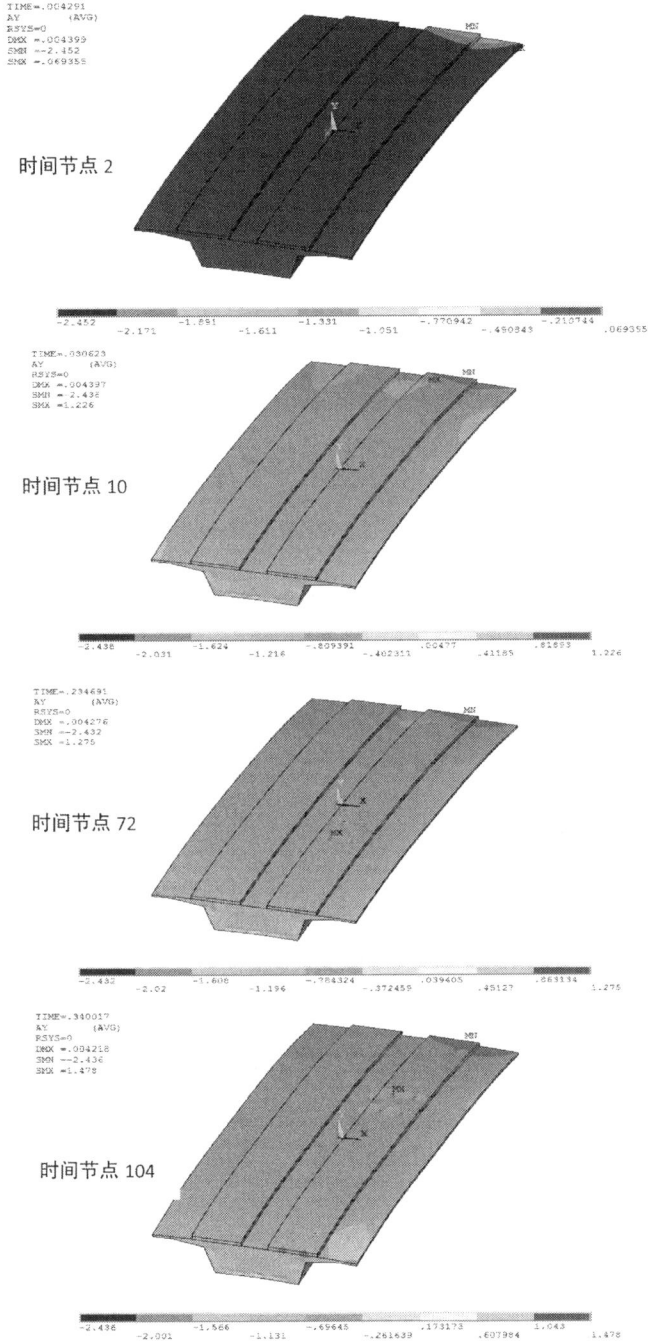

图 3-15　4 个时间节点下结构竖向加速度云图

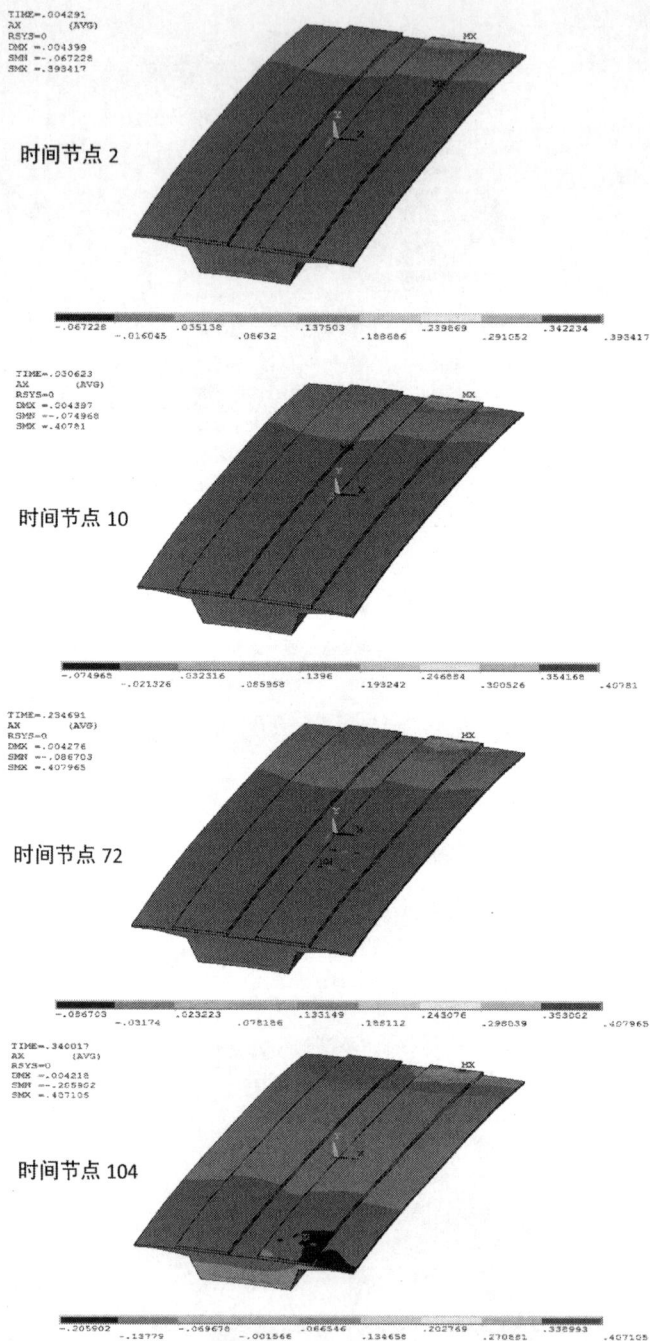

图 3-16　4 个时间节点下结构横向加速度云图

作用点，且对周围区域有一定影响，这是由于轮对荷载单侧作用于梁体横向正方向所致，在荷载作用点位置加速度较大；节点72及104结构横向负加速度峰值出现在前列轮对荷载作用位置，且节点104结构32m处右侧位置横向负加速度较大，而结构整体处于横向负加速度的趋势不变。

四个时间节点下结构位移、加速度峰值　　　　　　　　　　　　表3-9

时间节点数	2	10	72	104
竖向位移峰值（10^{-3}m）	2.662	2.668	2.4	2.255
横向位移峰值（10^{-3}m）	0.128	0.13	0.131	0.133
竖向加速度峰值（m·s^{-2}）	2.452	2.438	2.432	2.436
横向加速度峰值（m·s^{-2}）	0.393	0.407	0.408	0.407

由表3-9可知，结构竖向初始正位移为2.662mm，在时间节点10时两对轮对荷载作用于梁端使结构竖向位移峰值小幅增大，之后在轮对荷载的作用下正位移逐渐减小，节点104在六对轮对荷载的作用下向下的正位移达到最小值；横向加速度峰值明显小于结构竖向位移峰值，且在不同的时间节点上变化微弱，较为稳定，对结构的影响有限。

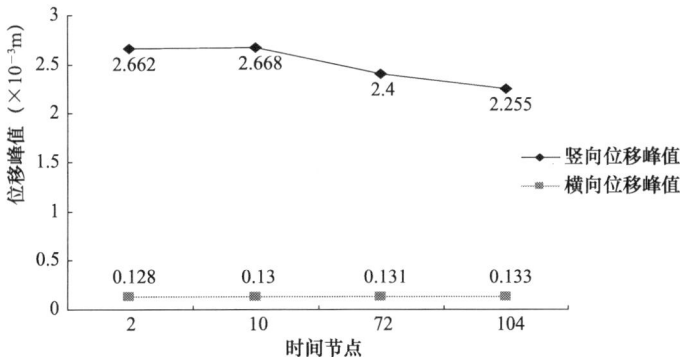

图3-17　4个时间节点下结构位移峰值

由图3-17可知，结构竖向初始正位移为2.662mm，在时间节点10时两对轮对荷载作用于梁端使结构竖向位移峰值小幅增大，之后在轮对荷载的作用下正位移逐渐减小，在节点 104 时六对轮对荷载的作用下向下的正位移达到最小值；横向加速度峰值明显小于结构竖向位移峰值，且在不同的时间节点上变化微弱，较为稳定，对结构的影响有限。

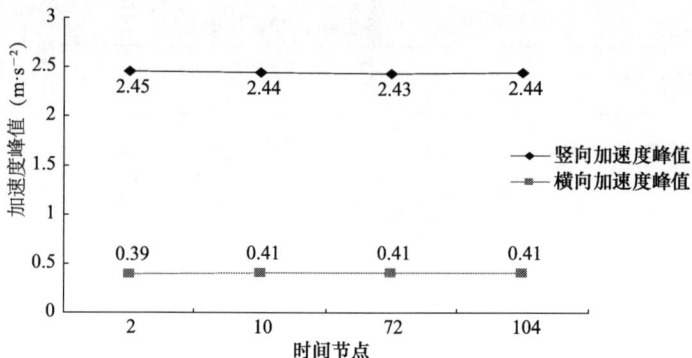

图 3-18　4 个时间节点下结构加速度峰值

如图 3-18 所示，结构竖向加速度峰值与横向加速度峰值随时间节点的不同均较为稳定，变化较小，这是由于结构对轮对荷载的激励作用敏感，当轮对荷载驶入或驶出梁体时梁端承轨台荷载作用位置承受很大的轮对荷载的冲击作用，而加速度峰值均出现在轮对荷载驶入或驶出梁体时；比较而言，结构横向加速度峰值明显小于竖向加速度峰值。

3.6.2　单向荷载作用下箱梁各截面振动特性分析

考察单向列车荷载作用下箱梁各截面振动特性，关键在于选取截面上的考察点。箱梁结构主要分为顶板、梗腋、腹板、底板等部分，在荷载的作用下，截面各部分的振动特性并不一致，本节针对箱梁的截面组成，讨论截面各处的振动特性，便于下一章中对箱梁的减振分析比选做进一步研究。

本节将对箱梁结构四个截面进行分析对比，以荷载刚驶入箱梁位置为 0m，分别选取 8m、16m、24m、32m 处四个截面进行分析，编号 Ⅰ、Ⅱ、Ⅲ、Ⅳ，如图 3-19 所示。各截面选取六个典型的节点进行分析，编号 1-6、7-12、13-18、19-24。以截面 Ⅰ 为例，节点 1 位于顶板中点，节点 2 位于翼缘，节点 3 位于梗腋，节点 4 位于腹板，节点 5 位于底板边缘，节点 6 位于底板中点，各节点在

ANSYS 有限元模型中的节点号分别为 15019、15749、15398、18361、16321、15974，如图 3-20 所示，其余各截面类推。对各截面上述六个点位置在整个荷载作用的时间历程中的位移、加速度曲线进行分析描述，进而对截面各不同位置在荷载作用下的振动特性进行分析。

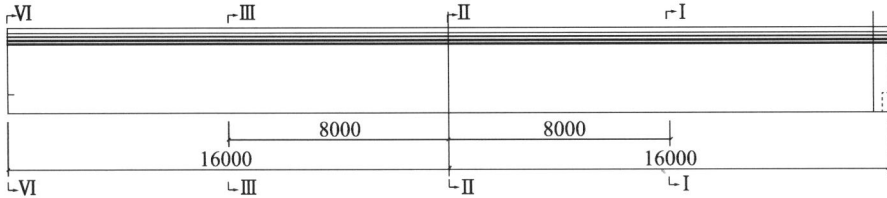

图 3-19 箱梁截面选取示意图

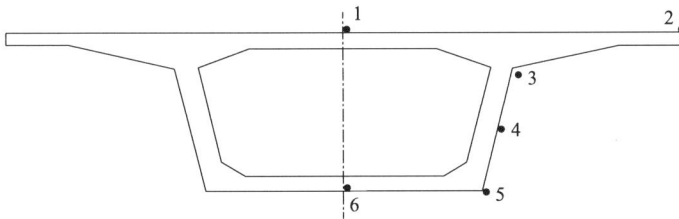

图 3-20 截面节点示意图

在时程后处理中，提取上述节点的位移、加速度时程曲线，图 3-21 为 I 截面各节点竖向位移时程曲线。

如图 3-21 所示 I 截面各节点竖向位移时程曲线变化基本一致，箱梁结构由于预应力筋的作用有一个竖向正位移，根据位置的不同，节点的竖向正位移有细微差别，节点在轮对荷载作用下竖向位移减小，根据轮对荷载组合作用的不同而向下波动减小，在 0.44s 附近达到竖向最大位移，这是由于此时箱梁结构在六对轮对荷载的作用下竖向位移达到峰值，0.88s 时荷载作用结束，随后节点竖向位移在静力平衡位置上下波动，缓慢衰减。

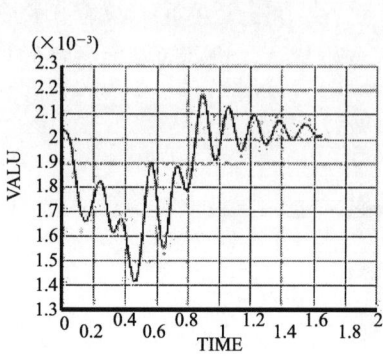

节点 1　竖向位移时程曲线

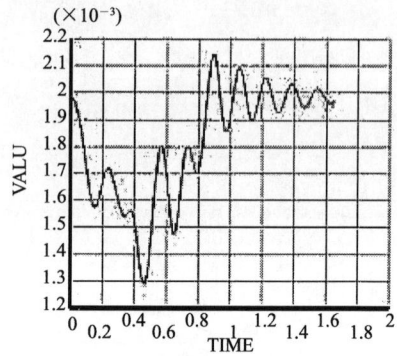

节点 2　竖向位移时程曲线

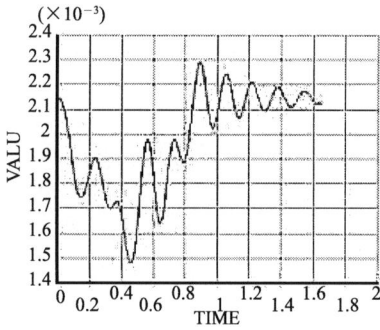

节点 3　竖向位移时程曲线

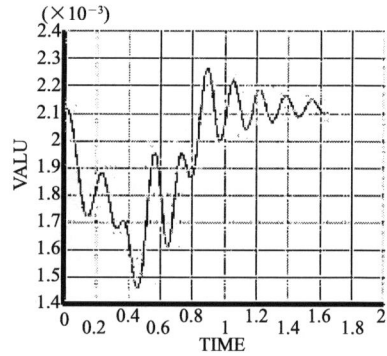

节点 4　竖向位移时程曲线

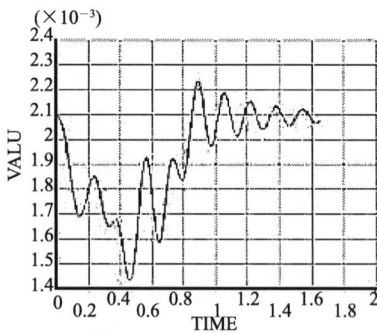

节点 5　竖向位移时程曲线

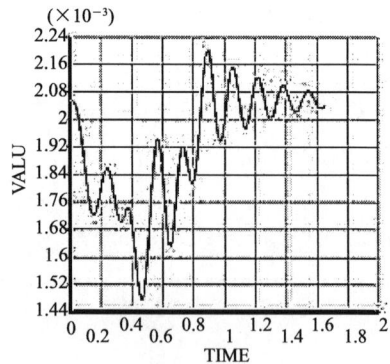

节点 6　竖向位移时程曲线

图 3-21　Ⅰ 截面各节点竖向位移时程曲线

图 3-22 为 I 截面各节点横向位移时程曲线。

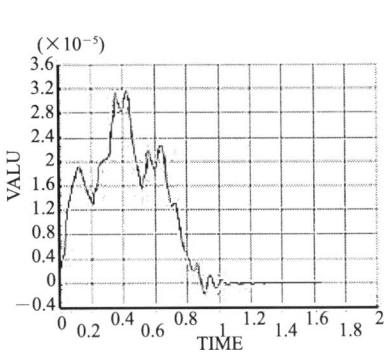

节点 1　横向位移时程曲线

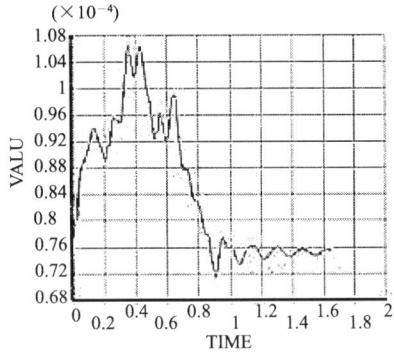

节点 2　横向位移时程曲线

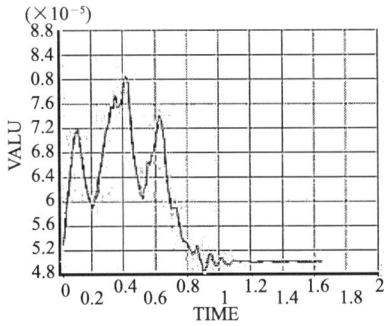

节点 3　横向位移时程曲线

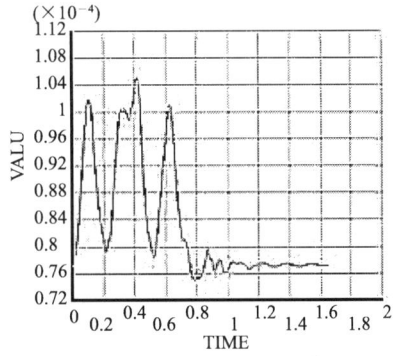

节点 4　横向位移时程曲线

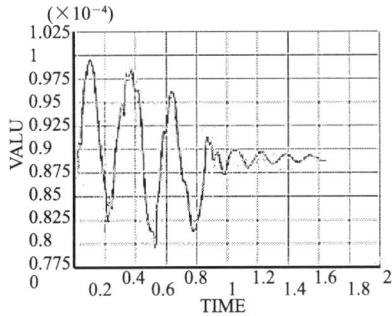

节点 5　横向位移时程曲线

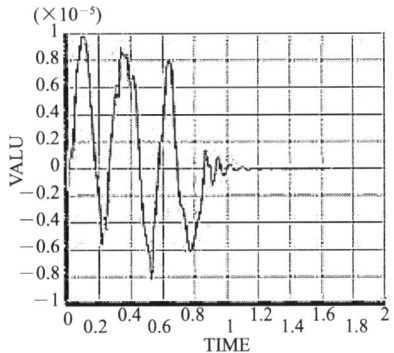

节点 6　横向位移时程曲线

图 3-22　I 截面各节点横向位移时程曲线

从图 3-22 中可看出，截面中线各节点初始横向位移为 0，其余位置有一个微小的横向正位移，可忽略不计，这是因为节点选取在荷载作用一侧且在预应力筋的作用下而导致。顶板中点与翼缘位置横向位移时程曲线基本一致，横向位移在荷载作用下逐渐增大，在 0.42s 附近达到峰值，这是由六对荷载单侧作用导致，而后波动减小，在 0.88s 时荷载作用结束，随后节点横向位移在静力平衡位置上下波动，逐渐衰减。梗腋、腹板、底板位置节点横向位移时程曲线变化趋势大致相同，均随着荷载作用剧烈波动，在荷载作用结束之后于静力平衡位置上下波动，衰减迅速，越靠近截面中线，衰减速度越快。底板位置在荷载作用下围绕初始位移上下波动，说明箱梁上部结构横向位移主要为正向，而底板位置则正负向交替。

图 3-23 为 I 截面各节点竖向加速度时程曲线。

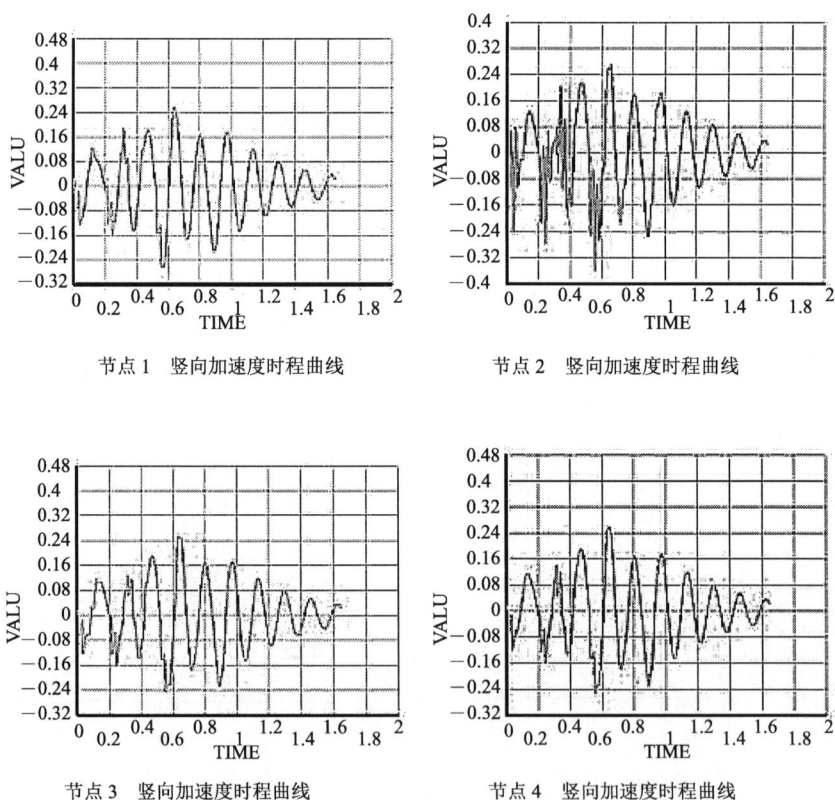

节点 1　竖向加速度时程曲线

节点 2　竖向加速度时程曲线

节点 3　竖向加速度时程曲线

节点 4　竖向加速度时程曲线

图 3-23　I 截面各节点竖向加速度时程曲线（一）

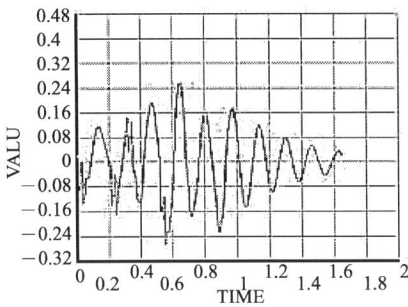

节点 5 竖向加速度时程曲线　　　　　　　　节点 6 竖向加速度时程曲线

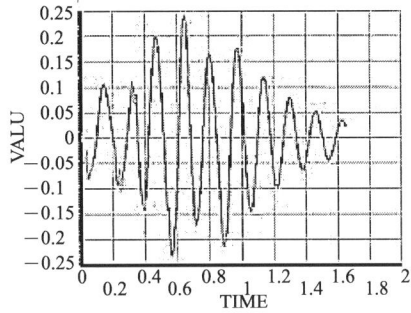

图 3-23 I 截面各节点竖向加速度时程曲线（二）

从图 3-23 可知，截面各节点竖向加速度时程曲线变化趋势基本一致，初始无竖向加速度，随着荷载作用在静力平衡位置上下波动，随荷载的增大竖向加速度逐渐增大，在轮对荷载初始接触作用时竖向加速度均达到一个峰值，而后迅速减小，荷载作用结束之后曲线在静力平衡位置上下波动，衰减缓慢。翼缘位置竖向加速度峰值在所有节点中最大，其余位置相差不大，说明腹板位置相对截面其他位置竖向振动更大。

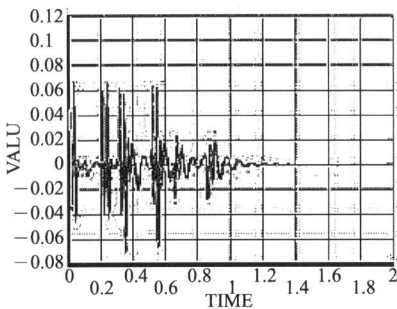

节点 1 横向加速度时程曲线　　　　　　　　节点 2 横向加速度时程曲线

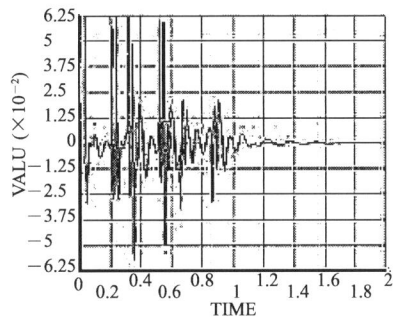

图 3-24 I 截面各节点横向加速度时程曲线（一）

节点 3　横向加速度时程曲线

节点 4　横向加速度时程曲线

节点 5　横向加速度时程曲线

节点 6　横向加速度时程曲线

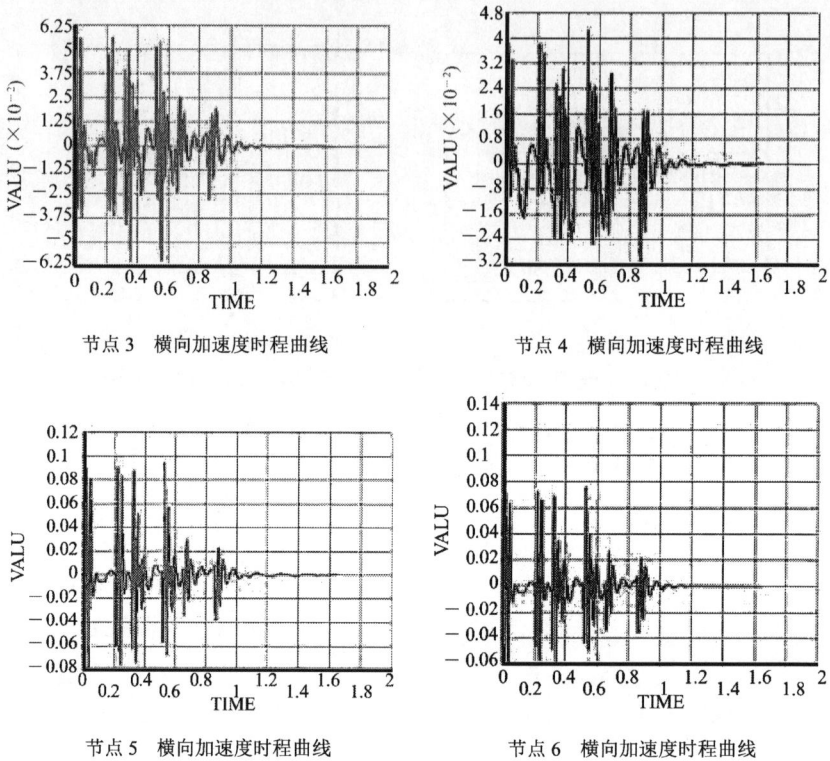

图 3-24　I 截面各节点横向加速度时程曲线（二）

由图 3-24 可知，截面各节点横向加速度时程曲线变化基本一致，初始无横向加速度，在每一对轮对荷载初始作用于箱梁结构时横向加速度曲线剧烈波动，受轮对荷载激振作用明显，其余时刻则在 0 位置上下振动平缓。荷载作用结束后各节点横向加速度衰减迅速，直至为 0。

将上述各节点的位移、加速度峰值以表格形式列出，如表 3-10 所示。

I 截面各节点位移、加速度峰值表　　　　　　　　　　　　表 3-10

	1	2	3	4	5	6
竖向位移峰值（$\times 10^{-3}$m）	0.61	0.69	0.67	0.64	0.66	0.58
横向位移峰值（$\times 10^{-3}$m）	0.032	0.11	0.08	0.105	0.1	0.01
竖向加速度峰值（m·s^{-2}）	0.266	0.36	0.254	0.256	0.266	0.24
横向加速度峰值（m·s^{-2}）	0.069	0.062	0.06	0.043	0.094	0.076

将表 3-10 数据绘制成图，如图 3-25、图 3-26 所示。

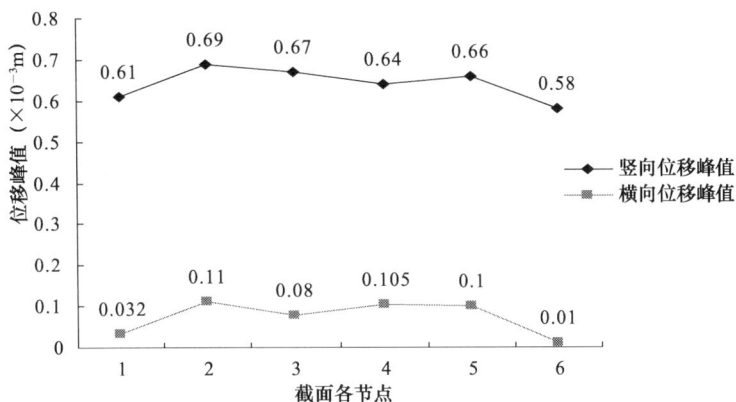

图 3-25   Ⅰ截面各节点位移峰值

由图 3-25 可知，Ⅰ截面翼缘处竖向位移峰值较其他位置略大，其余各位置差别不大，平均在 0.65mm 左右，截面中线位置竖向位移略小于其他位置；各节点横向位移峰值远远小于竖向位移峰值，截面中线位置横向位移略小于其他位置，说明截面中线位置横、竖向位移均较小。

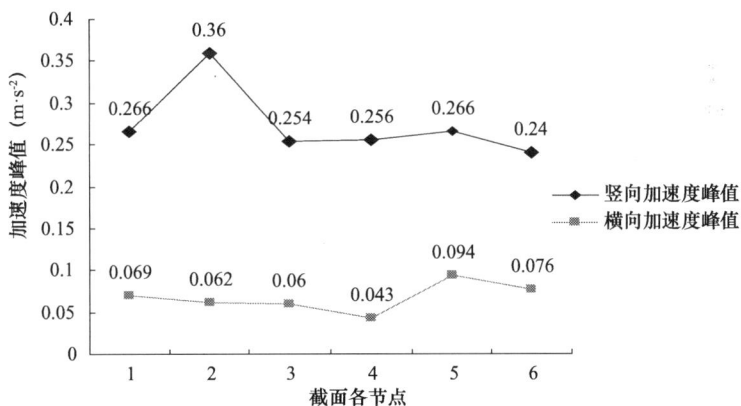

图 3-26   Ⅰ截面各节点加速度峰值

由图 3-26 可知，截面翼缘处竖向加速度峰值明显大于其他位置，说明截面翼缘处竖向振动较为剧烈，其余各位置竖向加速度峰值略有波动，但整体而言差别不大，底板各节点横向加速度峰值明显大于其他各位置，相比之下，截面各位置横向加速度峰值明显小于竖向加速度峰值。

截面Ⅱ、Ⅲ、Ⅳ分析方法与截面Ⅰ相同，限于篇幅，对后续三个截面仅将各节点位移、加速度峰值绘制成表，对位移、加速度峰值曲线进行对比分析。

将截面Ⅱ、Ⅲ、Ⅳ各节点的位移、加速度峰值以表格形式列出，如表3-11～3-13所示。

Ⅱ截面各节点位移、加速度峰值表　　　　　　　　表3-11

	7	8	9	10	11	12
竖向位移峰值（×10^{-3}m）	0.94	1.04	1.02	1.02	1	0.87
横向位移峰值（×10^{-3}m）	0.034	0.12	0.07	0.065	0.047	0.01
竖向加速度峰值（m·s^{-2}）	0.363	0.4	0.367	0.369	0.37	0.344
横向加速度峰值（m·s^{-2}）	0.036	0.048	0.034	0.05	0.088	0.078

Ⅲ截面各节点位移、加速度峰值表　　　　　　　　表3-12

	13	14	15	16	17	18
竖向位移峰值（×10^{-3}m）	0.69	0.73	0.72	0.72	0.72	0.61
横向位移峰值（×10^{-3}m）	0.028	0.1	0.075	0.1	0.092	0.006
竖向加速度峰值（m·s^{-2}）	0.267	0.418	0.26	0.257	0.247	0.258
横向加速度峰值（m·s^{-2}）	0.08	0.076	0.075	0.06	0.086	0.071

Ⅳ截面各节点位移、加速度峰值表　　　　　　　　表3-13

	19	20	21	22	23	24
竖向位移峰值（×10^{-3}m）	0.052	0.04	0.026	0.03	0.034	0.05
横向位移峰值（×10^{-3}m）	0.021	0.05	0.023	0.017	0.073	0.0009
竖向加速度峰值（m·s^{-2}）	0.144	0.95	0.864	0.42	0.262	0.094
横向加速度峰值（m·s^{-2}）	0.125	0.194	0.218	0.075	0.0267	0.027

图 3-27～图 3-30 分别为四个截面竖向位移、横向位移、竖向加速度、横向加速度峰值曲线，可对各截面在荷载作用下的振动特性进行分析。

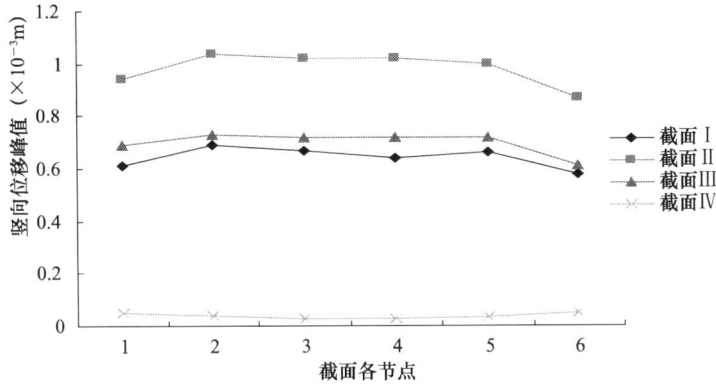

图 3-27 各截面竖向位移峰值

通过比较各截面竖向位移峰值曲线，可知各截面竖向位移峰值曲线都较为平缓，截面中各位置的竖向位移峰值波动较小，在荷载作用下处于一个比较稳定的水平，截面 II 的竖向位移峰值在四个截面中最大，截面 IV 最小，说明箱梁结构在荷载作用下越接近跨中，竖向位移越大，而越接近梁体两端，竖向位移越小，截面 I 和 III 均处在箱梁 1/4 跨处，具有对称性，其竖向位移峰值曲线基本重合，偏差很小且峰值位于跨中及梁端之间，说明梁体振动有一定的对称性，从梁体端部至跨中竖向位移呈现增大的趋势。

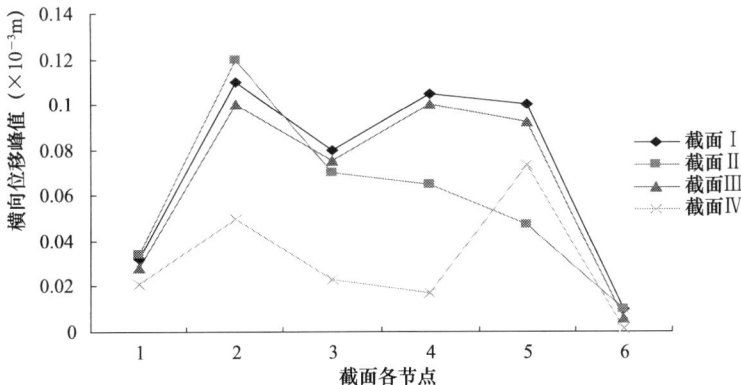

图 3-28 各截面横向位移峰值

箱梁各截面横向位移峰值曲线有较大的不一致，截面Ⅰ和Ⅲ由于对称性线形基本一致，均为截面中线位移较小，其余部位较大，尤其是翼缘点位置横向位移峰值最大，说明远离截面中线位置横向振动较大。截面Ⅱ翼缘位置横向位移最大，越接近底板位置横向位移越小，截面Ⅳ横向位移最小，比较而言，各截面横向位移峰值远远小于竖向位移峰值，且底板横向位移较顶板更小。

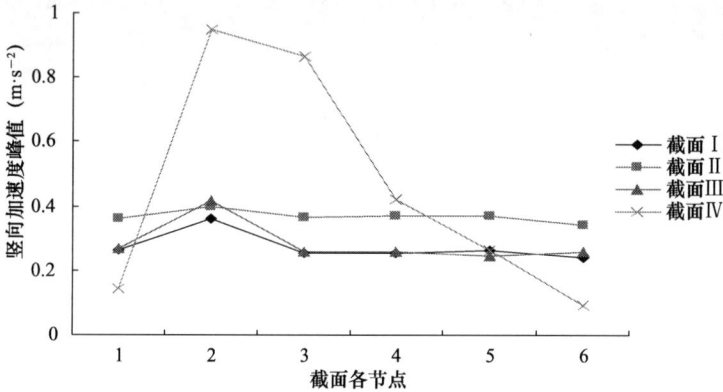

图 3-29 各截面竖向加速度峰值

从图 3-29 中可看出，结构竖向加速度峰值普遍较大，截面Ⅱ竖向加速度较其他截面更大，截面Ⅰ、Ⅱ、Ⅲ线形基本为翼缘处最大，梗腋、腹板、底板边线三个位置在一条直线上，几无波动。截面Ⅳ线形变化剧烈，翼缘及梗腋位置竖向加速度峰值剧烈增大，远大于其余各截面同一位置，这是由于梁端位置对列车轮荷载较为敏感，需承受较大轮对荷载的冲击作用，竖向加速度峰值均出现在列车轮对荷载驶入驶出箱梁结构时梁体两端，截面其余位置较其他各截面较为接近，截面中线位置竖向加速度峰值明显小于其他截面同位置。

截面Ⅰ、Ⅲ由于对称性，横向加速度峰值曲线线性基本一致，腹板位置横向加速度最小，底板端部最大，截面Ⅱ横向加速度相对其他截面略小，说明结构跨中位置承受横向冲击作用较小，上述三个截面均呈现截面下部结构横向加速度峰值略大于上部结构。截面Ⅳ与其他截面变化完全不同，在顶板中线、翼缘、梗腋等位置横向加速度峰值明显大于其他截面同一位置，说明箱梁两端上部结构承受横向冲击作用较大，而底板位置横向加速度峰值则明显小于其他位置。比较而言，同一截面各位置横向加速度峰值明显小于竖向加速度峰值。

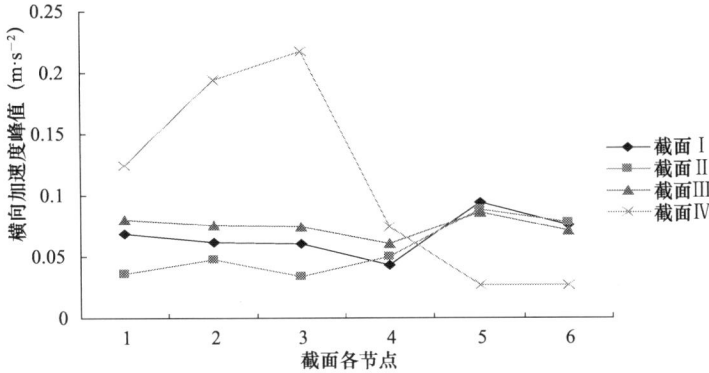

图 3-30 各截面横向加速度峰值

3.7 振级理论

3.7.1 振级的定义

我国的《机械工业环境保护设计规范》[65]JBJ 16—2000 规定描述振动源和环境的振动强度（振动加速度级）均应按下式计算：

$$VAL = 20\lg \frac{a}{a_0} \qquad (3-1)$$

式中 VAL——振动加速度级（dB）；

　　　a——实测或计算的振动加速度有效值（m/s²）；

$$a = \frac{A_{max}}{\sqrt{2}}(2\pi f)^2 \qquad (3-2)$$

式中 A_{max}——振幅最大值（m）；

　　　f——振动频率（Hz）；

　　　a_0——基准加速度，取 10^{-6}m/s²。

ISO2631 标准[66]及我国的《城市区域环境振动测量方法》[67]GB 10071—88 规定，由于人体对不同方向、不同频率振动的敏感程度不同，加速度振级须根据振动方向按照频率计权。

对全身振动按照不同频率的计权因子 a_i 修正后得到的振动加速度级称为振级 VL，简称为振级，单位 dB。

$$VL=20\lg\frac{a_{\mathrm{w}}}{a_0} \tag{3-3}$$

式中　a_{w}——振动计权加速度值；

$$a_{\mathrm{w}}=\sqrt{\sum_{i=1}^{n}(a_{\mathrm{r}i}c_i)^2} \tag{3-4}$$

式中　c_i——不同频段的计权因子，c_i 与 a_i 的关系如下：

$$c_i=10^{\frac{a_i}{20}} \tag{3-5}$$

式中　$a_{\mathrm{r}i}$——时域数据离散傅立叶变换后第 i 个频点处的振动加速度有效值。

3.7.2　振级的计算 [68]

采用下列方法计算

1. 直接法

（1）根据实际测得的振动加速度时程曲线，进行离散傅立叶变换得到对应于各个频率处的振动加速度幅值 $|A(j)|$，其中

$$|A(j)|=\sum_{k=0}^{N-1}a(k)e^{-i2\pi\frac{k}{N}j} \qquad (j=0,1,2,\cdots,N-1) \tag{3-6}$$

式中　$a(k)$——测得的振动加速度时程，单位 m/s^2，N 为数据个数。

（2）由于 $|A(j)|$ 对应的各频率的振动是简谐振动，所以可得对应于各频率振动加速度的有效值 $a_{\mathrm{r}i}$。

（3）根据式（3-4）计算振动计权加速度 a_{w}。

（4）根据式（3-3）计算振级 VL。

2. 滤波法

（1）根据实际测得的振动加速度时程曲线，进行离散傅立叶变换得到对应于频域的值 $A(j)$。

（2）对第 i 个 1/3 倍频程频段内的 $A_i(j)$ 进行离散傅立叶逆变换，得到对应于第 i 个 1/3 倍频程频段内的加速度时程 $a_i(k)$：

$$a_i(k)=\frac{1}{N}\sum_{j=0}^{N-1}A_i(j)e^{i2\pi\frac{k}{N}j} \tag{3-7}$$

（3）计算第 i 个 1/3 倍频程频段内频率个数振动加速度的有效值 $a_{\mathrm{r}i}$：

$$a_{ri}=\sqrt{\frac{1}{M}\sum_{k=0}^{M-1}a_i^2(k)} \qquad (3-8)$$

式中，M 为频率个数

（4）重复步骤（2），（3）即可得到所有频段的振动加速度有效值。然后根据式（3-4）计算振动计权加速度值 a_w。

（5）根据式（3-3）计算振级 VL。

由于本章只关心箱形梁结构表面的振动强度（振动加速度级）沿箱形梁表面的分布规律，因此本章计算的振级均为振动加速度级，式（3-4）、式（3-5）中 $ci=1$、$ai=0$。

3.8 列车荷载作用下箱梁结构的振动

3.8.1 箱梁结构表面法向振动加速度级 *VAL*（dB）

根据 3.7 节所介绍的振级理论计算箱形梁结构测点处表面法向振动加速度级。计算结果列于表 3-14 中。

箱形梁结构表面法向振动加速度级 *VAL*（dB）　　　　　表 3-14

近轨			远轨		
测点	车速	*VAL*（dB）	测点	车速	*VAL*（dB）
1	50km/h	111.61	1	50km/h	106.58
2		108.43	2		100.92
3		101.17	3		98.69
4		111.59	4		108.17
5		111.92	5		108.06
6		109.27	6		100.01
7			7		90.28
8		113.40	8		110.08
9		112.00	9		109.79
10		107.19	10		103.11
11			11		90.01
12		95.46	12		91.98

续表

近轨			远轨		
测点	车速	*VAL*（dB）	测点	车速	*VAL*（dB）
13			13		
14		108.06	14		102.33
15		96.34	15		95.40
16		105.48	16		105.67

3.8.2　振动沿纵截面的变化情况

1. 截面 1（测点 1，测点 5，测点 9，测点 13）

振动加速度级变化曲线如图 3-31 所示。

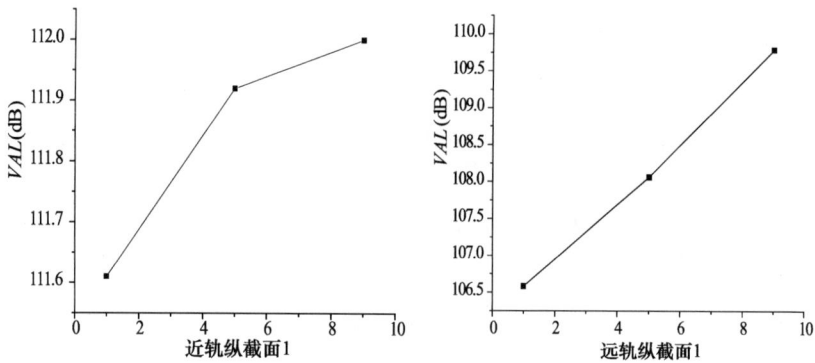

图 3-31

2. 纵截面 2（测点 2，测点 6，测点 10，测点 14）

振动加速度级变化曲线如图 3-32 所示。

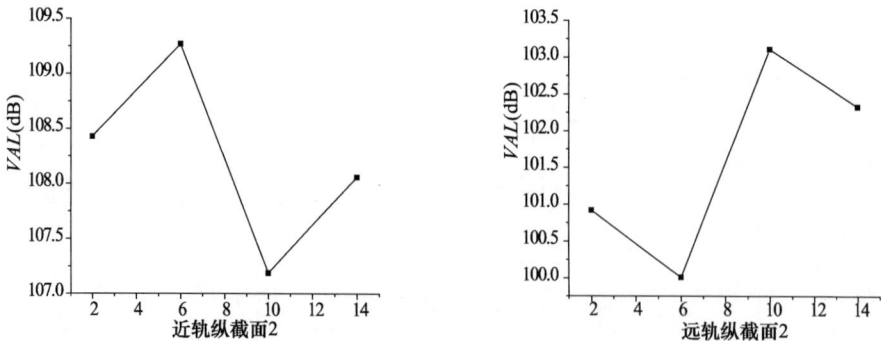

图 3-32

3. 纵截面 3（测点 3，测点 7，测点 11，测点 15）
振动加速度级变化曲线如图 3-33 所示。

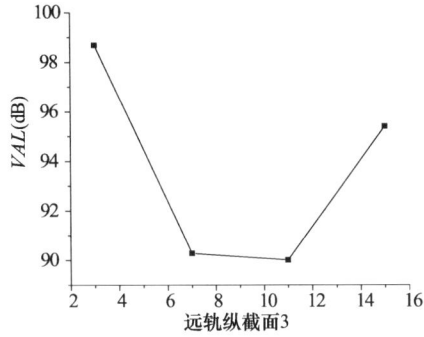

图 3-33

4. 纵截面 4（测点 4，测点 8，测点 12，测点 16）：
振动加速度级变化曲线如图 3-34 所示。

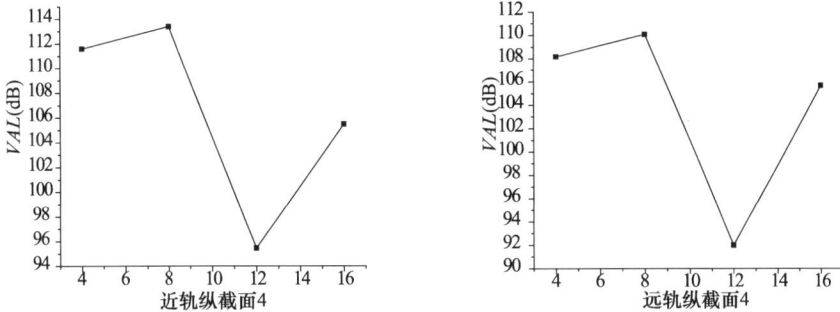

图 3-34

3.8.3　振动沿横截面的变化情况

1. 横截面 1（测点 1，测点 2，测点 3，测点 4）
振动加速度级变化曲线如图 3-35 所示。

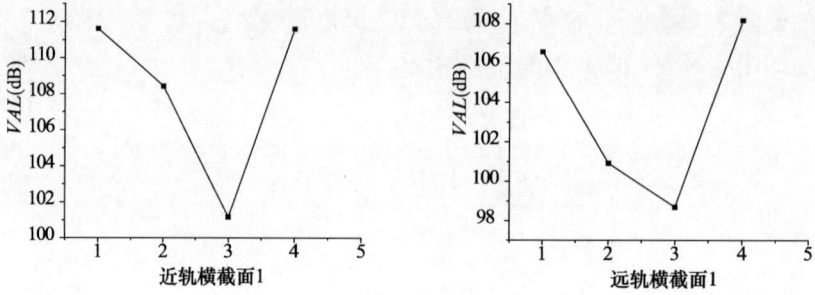

图 3-35

2. 横截面 2（测点 5，测点 6，测点 7，测点 8）
振动加速度级变化曲线如图 3-36 所示。

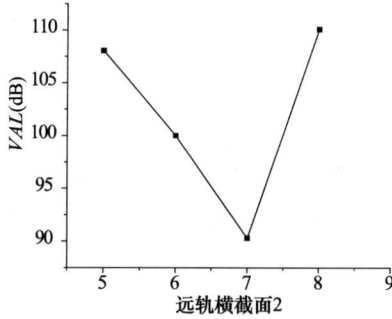

图 3-36

3. 横截面 3（测点 9，测点 10，测点 11，测点 12）
振动加速度级变化曲线如图 3-37 所示。

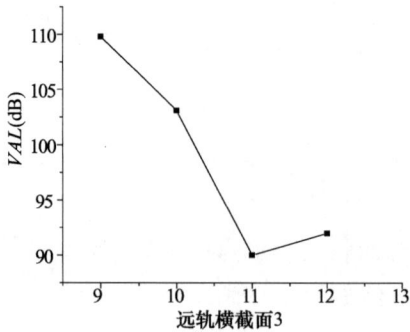

图 3-37

4.横截面 4（测点 13，测点 14，测点 15，测点 16）

振动加速度级变化曲线如图 3-38 所示。

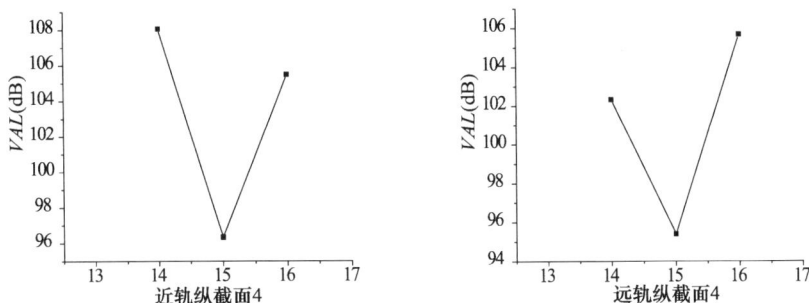

图 3-38

3.9　本章小结

本章通过建立 ANSYS 有限元模型并施加列车荷载进行模拟计算，分析了箱梁结构在列车荷载作用下的振动特性，得出以下结论：

（1）高速列车荷载作用下箱梁结构横向位移与加速度均明显小于竖向位移与加速度，说明列车荷载作用下箱梁结构主要以竖向振动为主，横向振动与竖向振动相比对结构整体影响有限，在今后的分析中可视情况酌情考虑。

（2）本节取用的截面六个位置节点中，通过比较主要考察量结构竖向位移及竖向加速度可知梗腋、腹板、底板边缘位置节点的位移及加速度值只有微小偏差，振动特性基本一致。

（3）箱梁结构竖向位移随着列车轮对荷载作用时间、位置及轮对数量的不同而不同，结构在预应力筋的作用下跨中区域向上起拱，有一个初始竖向正位移，随着轮对荷载的不断增大，结构的竖向正位移不断减小，在六对轮对荷载作用于箱梁时竖向正位移达到最小值；梁体加速度随荷载作用较为稳定，变化不大，是由于梁体结构对轮对荷载的激励作用敏感，当轮对荷载驶入或驶出梁体时梁端承轨台荷载作用位置承受很大的轮对荷载的冲击作用，加速度峰值均出现在轮对荷载驶入或驶出梁体时。

（4）荷载作用下箱梁跨中位置位移最大，梁体端部位移最小，从端部到跨中位移呈现增大的趋势，各截面中翼缘处位移较其他位置大很多，截面中线在所有位置中位移最小。各截面翼缘在所有位置中加速度均为最大，中线位置最小，底板中线比顶板中线位置加速度更小，可知从截面中线到翼缘位置振动呈现增大趋势。梁端截面因列车荷载驶入驶出而承受较大的冲击作用，截面翼缘及梗腋位置加速度较其他截面同一位置大很多，振动更为显著。

第4章　箱梁结构设计措施对振动的影响分析

第3章通过建立高铁箱梁有限元模型，模拟施加时速350km的高速列车荷载，对箱梁结构在高速列车荷载作用下的振动特性进行了分析，其目的在于为下步的箱梁结构减振措施比选做准备。减小箱梁结构在高速列车荷载作用下的振动，不仅能够提高列车运行当中的稳定性及舒适性，更对保证列车行驶安全、延长箱梁结构的使用寿命有着直接的影响。

本章将对高铁箱梁在列车荷载作用下的减振措施进行比选分析。对箱梁结构减振措施的研究大部分集中于结构自身设计参数，如箱梁的跨度、刚度、截面形式等，本章研究的时速350km的高铁32m箱梁结构，在试行高铁建设运行规范中对箱梁结构设计参数，如顶宽、底宽、梁高、线间距等有着强制性设计标准，故对截面形式的改变受到掣肘，研究空间不大。

本章主要对高铁箱梁在高速列车荷载作用下结构腔室变化、设置加劲肋等情况时对结构振动的影响进行分析。在时速350km高铁32m箱梁的基础上，通过建立不同腔室以及加劲肋设置的箱梁ANSYS有限元模型，在荷载、约束条件等均不变时，对结构振动进行比较分析，对结构腔室变化、加劲肋布置方案等减振措施进行比选。

根据第3章的结论可知，箱梁结构在高速列车荷载作用下主要以竖向振动为主，横向位移及加速度远远小于竖向位移及加速度，对结构振动的影响很小，故在本章中只将结构竖向位移和竖向加速度作为考察量进行分析比对。结构振动从箱梁端部至跨中呈现增大的趋势，跨中截面节点具有典型的振动较大的特征，所以在本章分析中，只取各模型的跨中截面进行分析。对箱梁跨中截面节点的选择，由于梗腋、腹板、底板边缘处节点振动特性基本一致，故在本章中，只选择顶板中线、翼缘、腹板及底板中线四个节点进行分析，如图4-1所示。

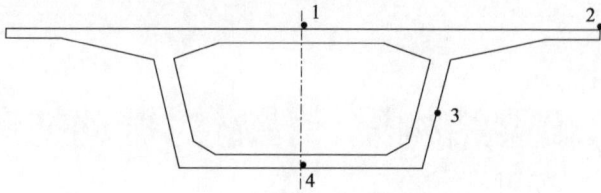

图 4-1　单箱单室箱梁跨中截面节点选取示意图

4.1　单箱单室与单箱双室箱梁结构振动比较分析

在时速 350km 高铁 32m 单箱单室箱梁的基础上，建立 32m 单箱双室箱梁有限元模型，如图 4-2 所示。截面细部尺寸及分析节点选取如图 4-3 所示，模型建立单元选择和材料参数与单箱单室模型一致，分隔腔室的中腹板与两边腹板材料属性一致，内不设预应力筋，故预应力筋布置与单箱单室箱梁模型一致，并施加相同高速列车荷载，使两个模型在除腔室变化外其他条件完全相同的情况下对结构振动进行比较分析。

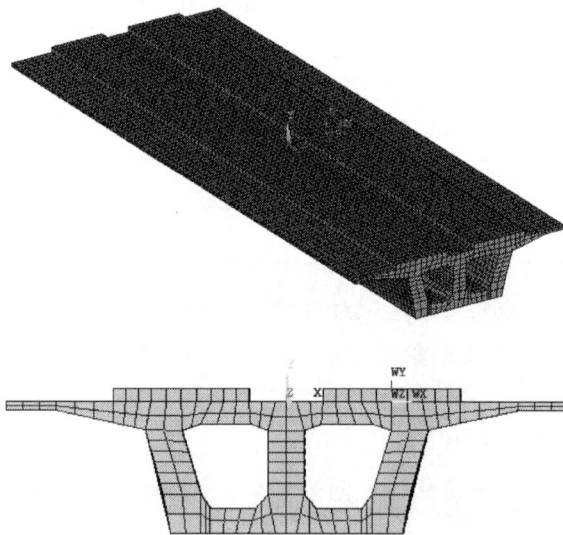

图 4-2　32m 单箱双室箱梁有限元模型示意图

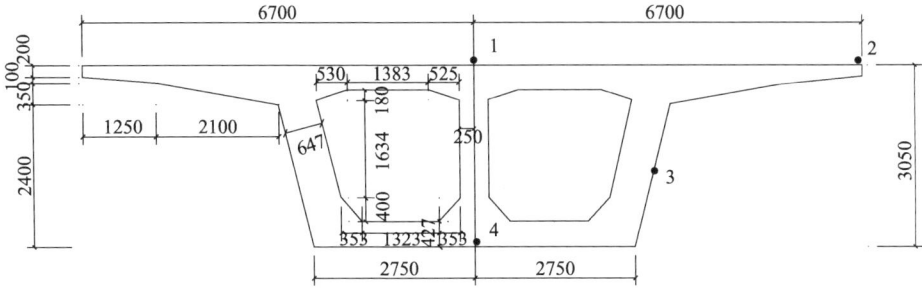

图 4-3　32m 单箱双室箱梁截面尺寸及节点选取示意图

将单箱单室、单箱双室箱梁跨中截面顶板中线、翼缘、腹板、底板中线四个节点编号分别为 1、2、3、4。将同位置节点竖向位移时程曲线进行比对，单箱单室箱梁时程曲线图居左，单箱双室箱梁居右，如图 4-4 所示。

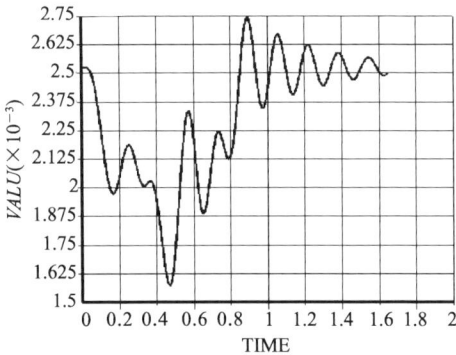

（a）单箱单室箱梁节点 1 竖向位移时程曲线

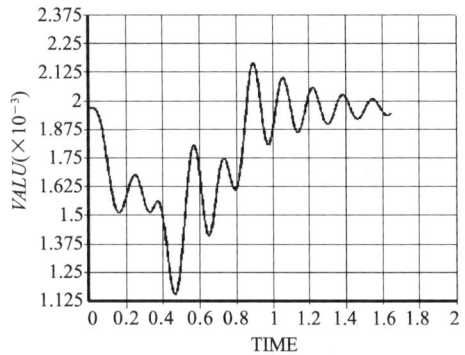

（b）单箱双室箱梁节点 1 竖向位移时程曲线

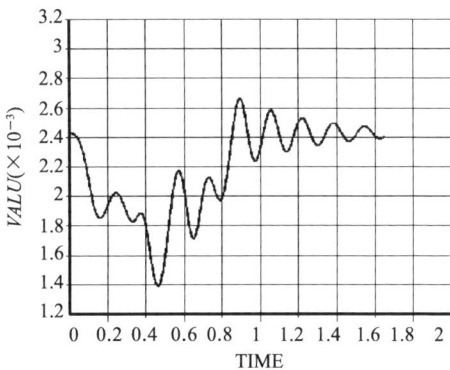

（c）单箱单室箱梁节点 2 竖向位移时程曲线

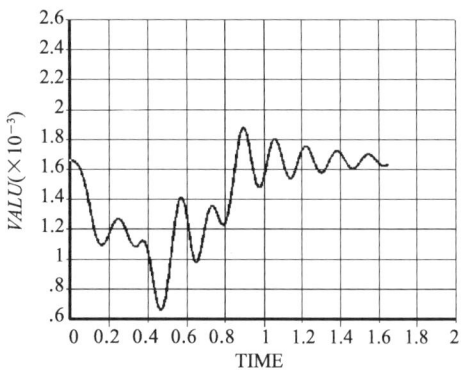

（d）单箱双室箱梁节点 2 竖向位移时程曲线

图 4-4　单箱单室、单箱双室跨中截面各节点竖向位移时程曲线（一）

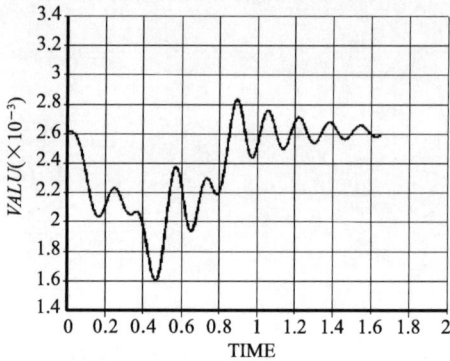

（e）单箱单室箱梁节点 3 竖向位移时程曲线　　　　（f）单箱双室箱梁节点 3 竖向位移时程曲线

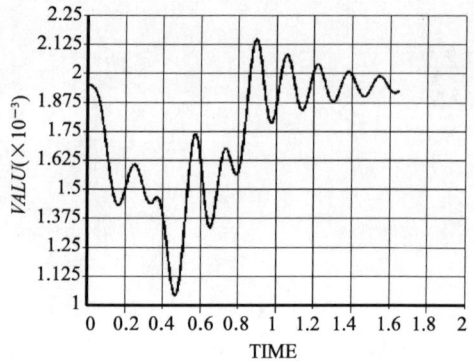

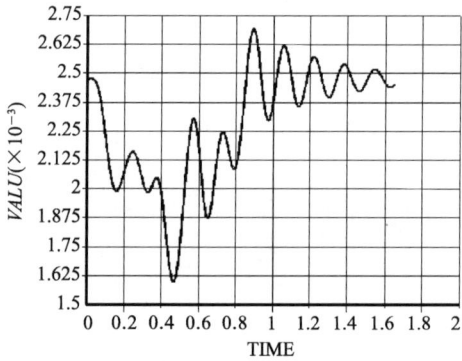

（g）单箱单室箱梁节点 4 竖向位移时程曲线　　　　（h）单箱双室箱梁节点 4 竖向位移时程曲线

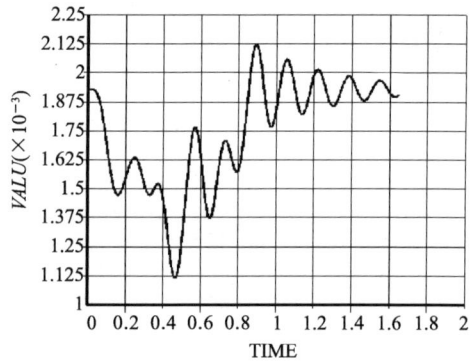

图 4-4　单箱单室、单箱双室跨中截面各节点竖向位移时程曲线（二）

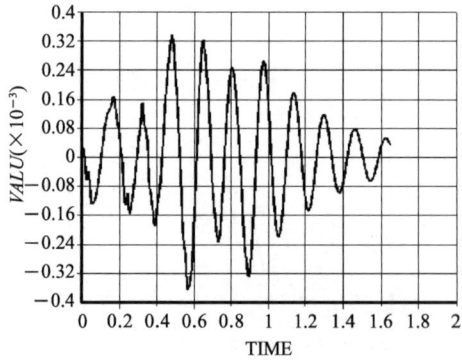

（a）单箱单室箱梁节点 1 竖向加速度时程曲线　　　　（b）单箱双室箱梁节点 1 竖向加速度时程曲线

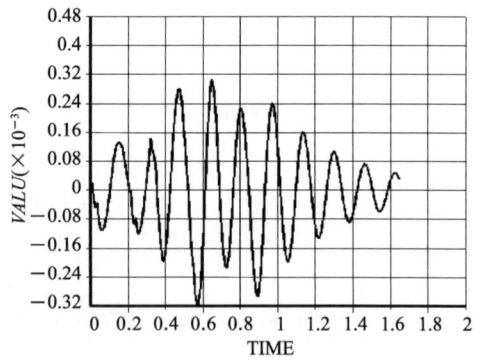

图 4-5　单箱单室、单箱双室箱梁跨中截面各节点竖向加速度时程曲线（一）

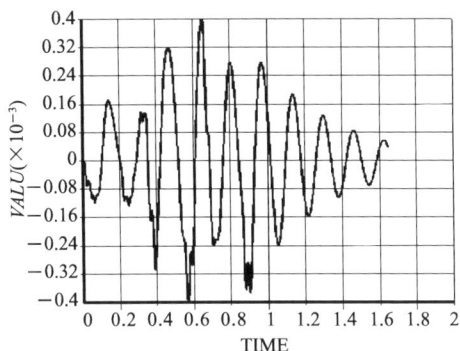

（c）单箱单室箱梁节点 2 竖向加速度时程曲线　　　（d）单箱双室箱梁节点 2 竖向加速度时程曲线

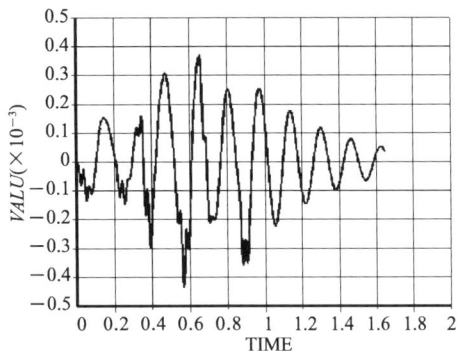

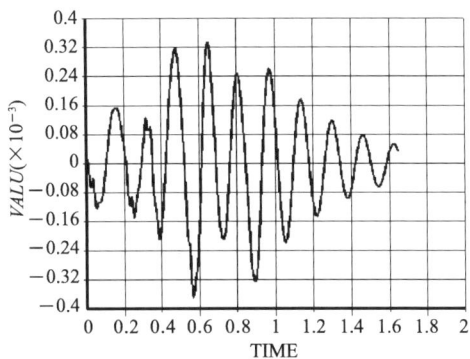

（e）单箱单室箱梁节点 3 竖向加速度时程曲线　　　（f）单箱双室箱梁节点 3 竖向加速度时程曲线

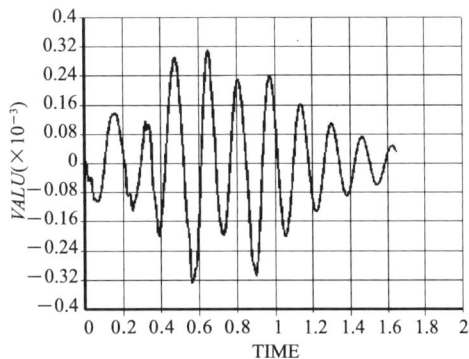

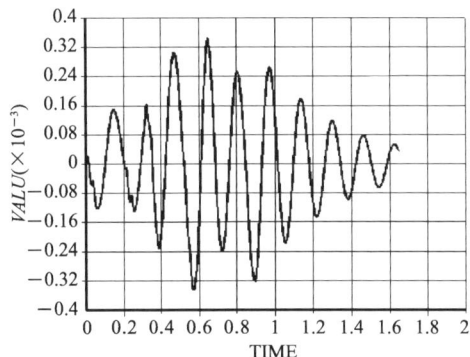

（g）单箱单室箱梁节点 4 竖向加速度时程曲线　　　（h）单箱双室箱梁节点 4 竖向加速度时程曲线

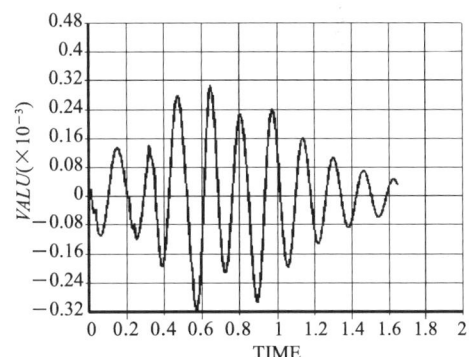

图 4-5　单箱单室、单箱双室箱梁跨中截面各节点竖向加速度时程曲线（二）

由图 4-4 单箱单室、单箱双室跨中截面各节点竖向位移时程曲线比对可知，两个结构截面节点时程曲线基本一致，单箱双室各节点竖向位移值较单箱单室箱梁均有明显减小。

将各节点竖向位移、加速度峰值绘制成表，见表 4-1。

单箱单室、单箱双室箱梁跨中截面节点竖向位移、加速度峰值表　　　表 4-1

单箱单室箱梁	1	2	3	4
竖向位移峰值（$\times 10^{-3}$m）	0.96	1.04	1.02	0.87
竖向加速度峰值（m·s^{-2}）	0.363	0.4	0.369	0.344
单箱双室箱梁	1	2	3	4
竖向位移峰值（$\times 10^{-3}$m）	0.82	1	0.91	0.81
竖向加速度峰值（m·s^{-2}）	0.316	0.436	0.327	0.315

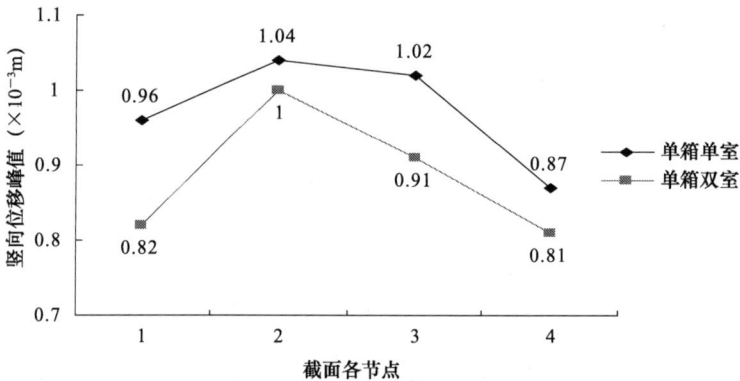

图 4-6　跨中截面节点竖向位移峰值对比

由图 4-6 可知，单箱双室箱梁截面各位置节点的竖向位移峰值相比单箱单室箱梁均不同程度降低，1～4 节点的降低幅度分别为 14.9%、4%、10.8%、6.9%，在顶板中线位置，位移峰值下降幅度最大，说明同等条件下采用单箱双室结构能够有效降低箱梁整体的竖向位移峰值，尤其能够降低顶板中线位置的振动幅度。

由图 4-7 可知，单箱双室箱梁跨中截面各节点竖向加速度峰值与单箱单室箱梁相比，1～4 节点的降低幅度分别为 12.9%、−9%、11.4%、8.4%，翼缘位置有小幅度地增大，其余各位置均不同幅度地减小，这是因为单向双室结构的中腹板大大增加了箱梁梁体的纵向刚度，提高了梁体的抗冲击能力，降低了箱梁梁体在荷载作用下的竖向加速度，尤其在截面中线位置，竖向加速度降低幅度最大，底板比顶板的降低幅度略小，腹板位置有一定程度的降低，而中腹板对翼缘位置刚度的贡献很小，使得竖向加速度峰值小幅增大。总体而言，采用单箱双室结构能够显著提高梁体的纵向刚度，降低在荷载作用下梁体的竖向位移和加速度，减振效果明显。

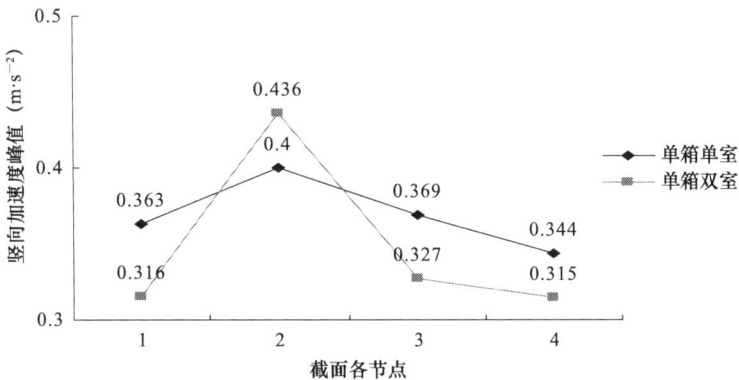

图 4-7　跨中截面节点竖向加速度峰值对比

4.2　加劲肋的布置对高铁箱梁振动影响分析

高铁箱梁与传统铁路梁桥相比，面板、底板宽度为满足行车要求进一步扩大，梁身跨度根据不同行车速度有着不同的标准，但从经济以及技术的发展考虑，有进一步增大箱梁跨度的前景与研究趋势，这使得箱梁结构受力及振动影响更为复杂。

许多机构和学者对结构设置加劲肋已做了大量的研究，加劲肋的设置可有效增强加劲肋设置方向结构的承载能力，已成为目前广泛使用的措施。加劲肋对于结构振动影响的研究见诸较少，但加劲肋的大刚度及对结构承载能力的贡献使其对结构振动势必产生影响。高铁箱梁在高速列车荷载作用下主要产生竖向位移和加速度，在箱梁内部设置加劲肋可分为多种情况，在走向上可分为横向、纵向及剪刀撑形式的加劲肋，而对于箱梁结构的顶板、底板、腹板等不同位置均可设置加劲肋，不同走向及位置的加劲肋对于箱梁振动有着不同的影响。结构横向加劲肋可增大结构横向刚度，在箱梁面板、底板宽度较大时可有效减小结构横向应力，防止结构纵向裂缝的产生，纵向加劲肋类似，对结构纵向刚度贡献很大，可有效防止结构横向裂缝的产生。在前面对箱梁振动的分析中可知在荷载作用下，结构竖向正位移峰值往往出现箱梁顶板，竖向负位移峰值则在梁体及底板位置，对箱梁顶板、底板等各位置设置加劲肋进行结构振动影响分析均有研究的必要及价值。

　　本节针对加劲肋的设置对结构振动影响进行分析，在 32m 单箱单室箱梁的基础上分别设置底板横向、底板纵向、顶板横向、顶板纵向、腹板横向、腹板纵向加劲肋，建立不同的 ANSYS 有限元模型，加劲肋采用 32a 工字型钢，如图 4-8及表 4-2 所示，模拟采用 SOLID65 单元，设计参数见表 3-5，加劲肋的位置、数量及具体的模拟分析分小节详细阐述。

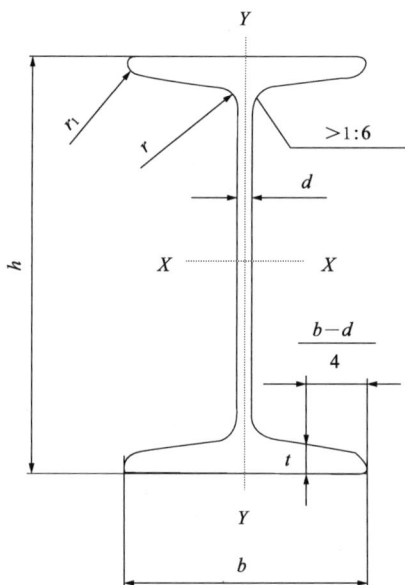

图 4-8　加劲肋示意图

32a 工字型钢规格表　　　　　　　　　　　　　　　　　　　表 4-2

工字钢型号	h（mm）	b（mm）	d（mm）	t（mm）	r_1（mm）	截面面积（cm²）	理论重量（kg/m）
32a	320	130	9.5	15	5.8	67.05	52.7

4.2.1 底板横向加劲肋箱梁结构振动分析

在单箱单室箱梁跨中两侧底板共设置 4 道横向加劲肋，如图 4-9 所示。

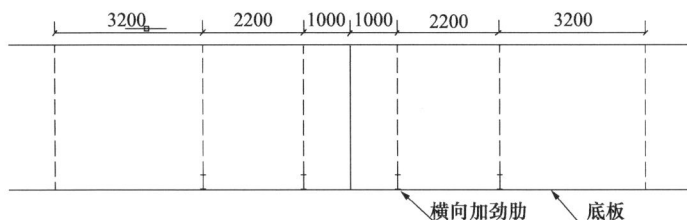

图 4-9 底板横向加劲肋布置位置

采用与单箱双室箱梁相同的分析方法，将单箱单室和底板横向加劲肋箱梁跨中截面 4 个位置节点的竖向位移及加速度峰值列表，如表 4-3 所示。

单箱单室、底板横向加劲肋箱梁跨中截面节点竖向位移、加速度峰值表　表 4-3

单箱单室箱梁	1	2	3	4
竖向位移峰值（×10^{-3}m）	0.96	1.04	1.02	0.87
竖向加速度峰值（m·s^{-2}）	0.363	0.4	0.369	0.344
底板横向加劲肋箱梁	1	2	3	4
竖向位移峰值（×10^{-3}m）	0.94	1.02	0.99	0.87
竖向加速度峰值（m·s^{-2}）	0.361	0.395	0.369	0.342

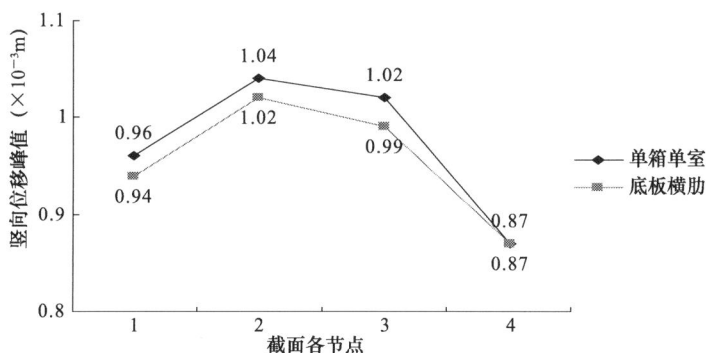

图 4-10 跨中截面节点竖向位移峰值对比

如图 4-10 所示，在箱梁结构底板跨中设置四根横向加劲肋之后与原单箱单室箱梁对比，截面各位置的竖向位移峰值均有不同程度的增大，1 ~ 4 节点竖向位移峰值减小幅度分别为 2.1%、1.9%、2.9%、0%，可见在设置底板横向加劲肋之后，箱梁在荷载作用下的竖向位移有微弱减小，这是因为横向加劲肋增大了底板的横向刚度，而箱梁振动主要在竖直方向上，横向加劲肋使得底板横向受力情况明显改善，对纵向受力没有起到大的改善作用，故对结构竖向位移的减小贡献有限。

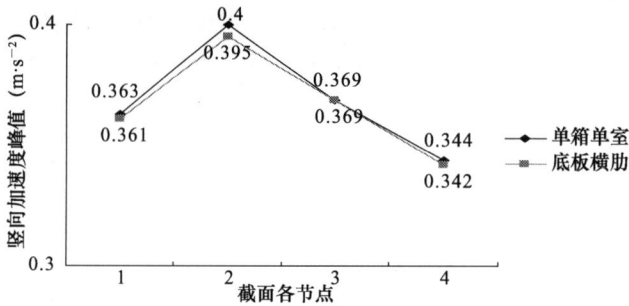

图 4-11　跨中截面节点竖向加速度峰值对比

与竖向位移峰值的变化类似，设置底板横向加劲肋后箱梁竖向加速度峰值相比原单箱单室箱梁均有微弱减小，1 ~ 4 节点的减小幅度分别为 0.6%、0.8%、0%、0.6%，均可忽略不计，原因与竖向位移变化类似，是因为底板横向刚度的增大使箱梁结构受力及振动特性发生改变，对结构竖向刚度贡献很小，对结构竖向振动的渐弱作用可忽略不计。

综上所述，在箱梁底板中线位置设置四道加劲肋与原单箱单室箱梁相比，在荷载作用下结构振动有微弱减小，但可忽略不计，对结构主要的竖向振动几乎无法起到减振作用。

4.2.2　底板纵向加劲肋箱梁结构振动分析

在单箱单室箱梁截面底板中线两侧各设置一根纵向加劲肋，长度为 32m，设置位置尺寸如图 4-12 所示。

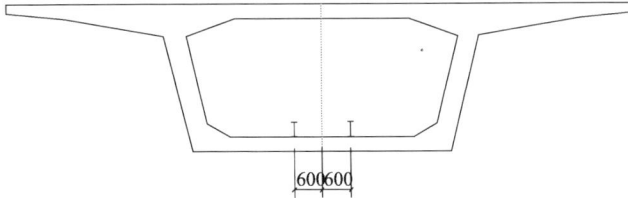

图 4-12　底板纵向加劲肋截面示意图

将单箱单室和底板纵向加劲肋箱梁跨中截面 4 个位置节点的竖向位移及加速度峰值列表，如表 4-4 所示。

单箱单室、底板纵向加劲肋箱梁跨中截面节点竖向位移、加速度峰值表　表 4-4

单箱单室箱梁	1	2	3	4
竖向位移峰值（×10^{-3}m）	0.96	1.04	1.02	0.87
竖向加速度峰值（m·s^{-2}）	0.363	0.4	0.369	0.344
底板纵向加劲肋箱梁	1	2	3	4
竖向位移峰值（×10^{-3}m）	0.82	1.02	0.93	0.76
竖向加速度峰值（m·s^{-2}）	0.298	0.316	0.283	0.277

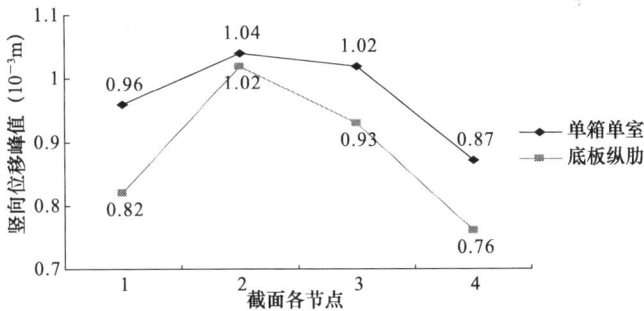

图 4-13　跨中截面节点竖向位移峰值对比

从图 4-13 可知，在单箱单室箱梁底板设置两道纵向加劲肋后与原单箱单室箱梁比较，1～4 节点竖向位移峰值减小幅度分别为 14.6%、1.9%、8.8%、12.6%，原因是箱梁在列车荷载作用下主要为竖向振动，而纵向加劲肋大大增加了底板纵向刚度，使底板的纵向受力与振动特性发生变化，减小了结构在荷载作用下的竖向位移峰值。

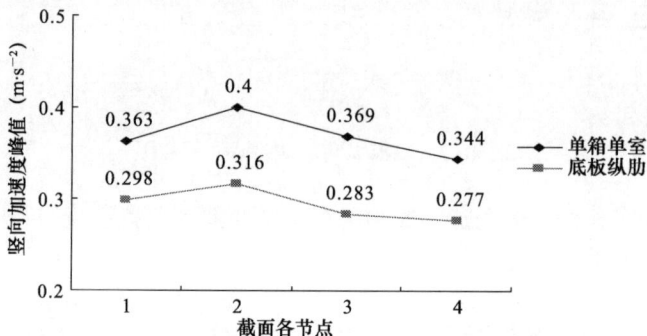

图 4-14　跨中截面节点竖向加速度峰值对比

由图 4-14 可知，在箱梁底板设置两根纵向加劲肋之后，箱梁结构在列车荷载作用下的竖向加速度峰值较单箱单室箱梁均有大幅度的降低，1 ～ 4 节点竖向加速度峰值降低幅度分别为 17.9%、21%、23.3%、19.5%，其中截面翼缘、腹板位置降低幅度较大，截面中线位置次之，降低幅度均在 20% 左右。

综上所述，在箱梁底板设置两根纵向加劲肋能够大大降低结构在列车荷载作用下的竖向振动，结构的竖向加速度峰值可降低 20% 以上，抗变形能力也得到显著提高，是减小箱梁振动的有效措施。

4.2.3　顶板横向加劲肋箱梁结构振动分析

在单箱单室箱梁顶板跨中位置对称布置四根横向加劲肋，见图 4-15。

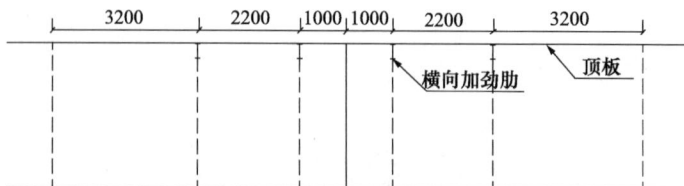

图 4-15　顶板横向加劲肋布置位置

将单箱单室和顶板横向加劲肋箱梁跨中截面 4 个位置节点的竖向位移及加速度峰值列表，如表 4-5 所示。

单箱单室、顶板横向加劲肋箱梁跨中截面节点竖向位移、加速度峰值表   表 4-5

单箱单室箱梁	1	2	3	4
竖向位移峰值（×10^{-3}m）	0.96	1.04	1.02	0.87
竖向加速度峰值（m·s^{-2}）	0.363	0.4	0.369	0.344
顶板横向加劲肋箱梁	1	2	3	4
竖向位移峰值（×10^{-3}m）	0.92	1.06	1	0.92
竖向加速度峰值（m·s^{-2}）	0.356	0.42	0.367	0.351

由图 4-16 可知，箱梁顶板设置四根横向加劲肋在列车荷载作用下跨中截面各节点竖向位移峰值与原单箱单室箱梁相比均有一定变化，1～4 节点竖向位移峰值减小幅度为 4.2%、－1.9%、2%、－5.7%，在截面翼缘及底板中线位置竖向位移小幅增大，顶板中线及腹板位置小幅减小，顶板横向加劲肋增大了顶板的横向刚度，改善了顶板横向受力与振动，也使得结构整体受力与振动特性发生改变，但对结构纵向刚度的贡献有限，使得截面某些位置竖向位移峰值小幅度减小，另一些位置小幅度增大。

由图 4-17 可知，顶板设置四根横向加劲肋箱梁与原单箱单室箱梁相比，竖向加速度峰值在顶板中线及腹板位置略降，其他位置略升，1～4 节点竖向加速度峰值降低幅度分别为 1.9%、－5%、0.5%、－2%。总体而言，顶板设置加劲肋对结构竖向加速度影响不大，顶板位置略降是因为加劲肋的作用提高了顶板抵抗冲击的能力，其他位置所受影响并不大。

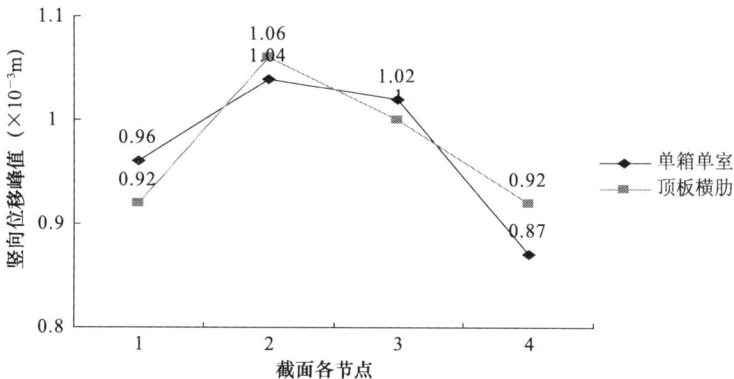

图 4-16 跨中截面节点竖向位移峰值对比

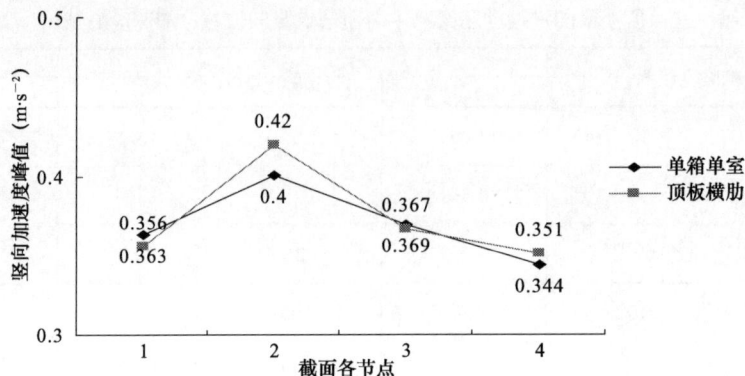

图 4-17　跨中截面节点竖向加速度峰值对比

综上所述，在箱梁顶板位置设置四根横向加劲肋与不设置加劲肋相比，结构竖向位移及加速度均在顶板中线及腹板位置有小幅度减小，而翼缘及底板中线位置小幅度增大，幅度均较小。总体而言，设置顶板横向加劲肋会小幅度改变结构的振动特性，对减小结构在列车荷载作用下的振动无法起到明显改善，在某些位置反而有一定增大，不是行之有效的减振措施。

4.2.4　顶板纵向加劲肋箱梁结构振动分析

在单箱单室箱梁截面顶板中线两侧各设置一根纵向加劲肋，长度为 30.72m，设置位置尺寸如图 4-18 所示。

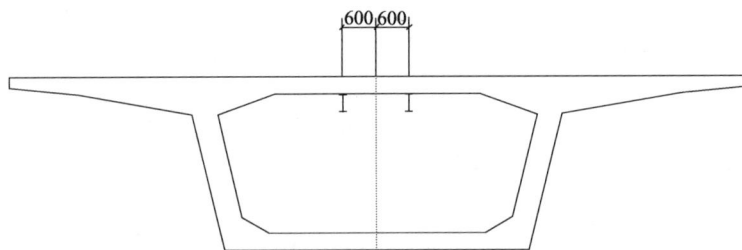

图 4-18　顶板纵向加劲肋截面示意图

将单箱单室和顶板纵向加劲肋箱梁跨中截面 4 个位置节点的竖向位移及加速度峰值列表，如表 4-6 所示。

单箱单室、顶板纵向加劲肋箱梁跨中截面节点竖向位移、加速度峰值表   表 4-6

单箱单室箱梁	1	2	3	4
竖向位移峰值（×10⁻³m）	0.96	1.04	1.02	0.87
竖向加速度峰值（m·s⁻²）	0.363	0.4	0.369	0.344
顶板横向加劲肋箱梁	1	2	3	4
竖向位移峰值（×10⁻³m）	0.94	1.13	1.05	0.94
竖向加速度峰值（m·s⁻²）	0.4	0.435	0.389	0.355

由图 4-19 可知，在箱梁顶板设置两根纵向加劲肋与不设置加劲肋箱梁相比，结构各位置（除顶板中线）竖向位移峰值均有所增大，1～4 节点竖向位移峰值减小幅度分别为 2.1%、－8.7%、－2.9%、－8.3%，纵向加劲肋增大了箱梁顶板的纵向刚度，列车荷载下并未减小结构的竖向位移峰值。

由图 4-20 可知，在箱梁顶板设置两根加劲肋与不设置加劲肋箱梁相比，结构竖向加速度峰值在截面各位置均有不同程度的增大，1～4 节点竖向加速度峰值降低幅度分别为－10.2%、－8.75%、－5.4%、－3.2%，说明增大顶板纵向刚度反而会使得结构整体竖向抗冲击能力减弱。

综上所述，在箱梁顶板截面中线对称设置两根纵向加劲肋，在列车荷载作用下结构竖向位移出顶板中线位置有微弱减小，其余各位置均有所增大，截面各位置竖向加速度峰值均有不同程度增大，降低了结构的抗冲击能力。

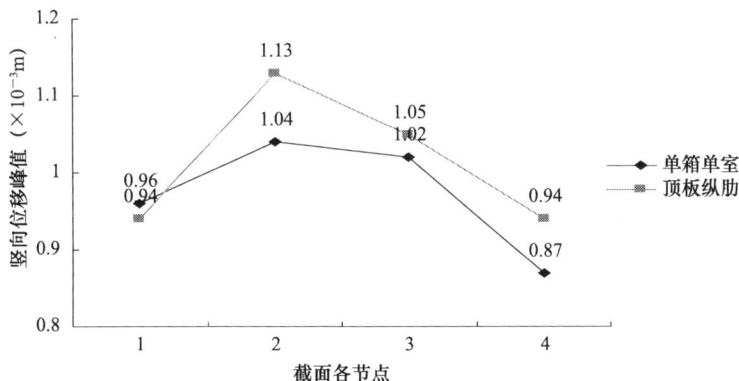

图 4-19   跨中截面节点竖向位移峰值对比

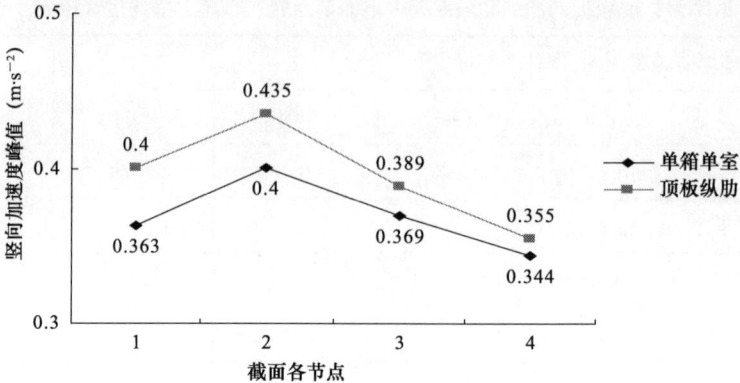

图 4-20　跨中截面节点竖向加速度峰值对比

结合前面的分析，顶板设置纵向加劲肋与底板设置纵向加劲肋对结构振动的影响有显著不同，对比发现，设置底板纵向加劲肋，增强箱梁底板纵向刚度能大幅度减小结构竖向振动，达到减振目的，而顶板设置纵向加劲肋不仅不能减小结构振动，反而有所增大，说明顶板虽然直接承受列车荷载，但底板受到约束作用以及列车荷载和振动的传递使得底板在箱梁振动中占据更为重要的地位，增大底板纵向刚度能够得到较为满意的减振效果，顶板纵向加劲肋在一定程度上会增大结构振动，在结构设计当中应避免。

4.2.5　腹板横向加劲肋箱梁结构振动分析

在单箱单室箱梁跨中两侧腹板各对称设置四根横向加劲肋，高度与两侧腹板一致，ANSYS 有限元模型如图 4-21 所示。

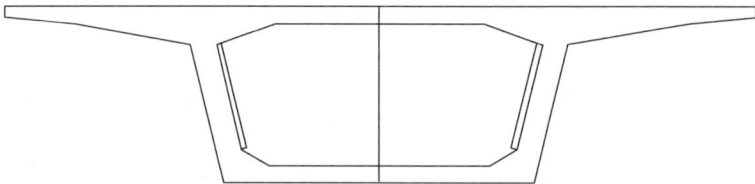

图 4-21　腹板加劲肋截面示意图

将单箱单室和腹板横向加劲肋箱梁跨中截面 4 个位置节点的竖向位移及加速度峰值列表，如表 4-7 所示。

单箱单室、腹板横向加劲肋箱梁跨中截面节点竖向位移、加速度峰值表　　表 4-7

单箱单室箱梁	1	2	3	4
竖向位移峰值（$\times10^{-3}$m）	0.96	1.04	1.02	0.87
竖向加速度峰值（m·s^{-2}）	0.363	0.4	0.369	0.344
腹板横向加劲肋箱梁	1	2	3	4
竖向位移峰值（$\times10^{-3}$m）	0.93	1.05	1	0.88
竖向加速度峰值（m·s^{-2}）	0.358	0.415	0.37	0.352

由图 4-22 可知，在箱梁跨中两侧腹板各设置四根横向加劲肋，1 ～ 4 节点竖向位移峰值 减小幅度分别为 3.1%、−1%、2%、−1.1%，腹板横向加劲肋的设置增大了腹板的竖向刚度，对结构纵向受力与振动并未起到改善作用，对截面各位置的竖向位移峰值影响不一。

由图 4-23 可知，箱梁跨中两侧腹板各设置四根横向加劲肋之后，1 ～ 4 节点竖向加速度峰值减小幅度分别为 1.4%、−3.75%、0%、−2.3%，可知设置腹板横向加劲肋对结构的抗冲击能力有微弱影响，几乎可忽略不计。

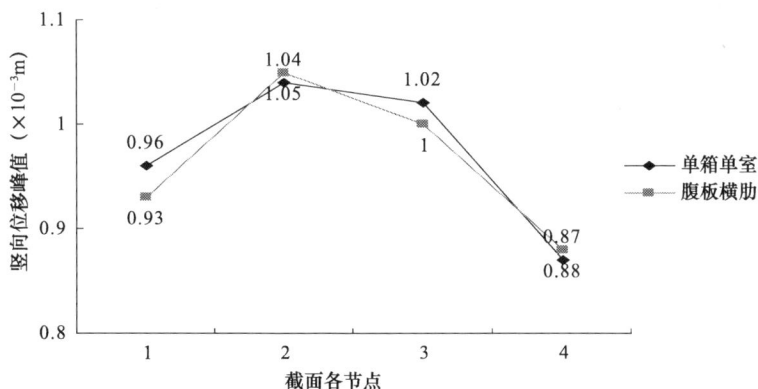

图 4-22　跨中截面节点竖向位移峰值对比

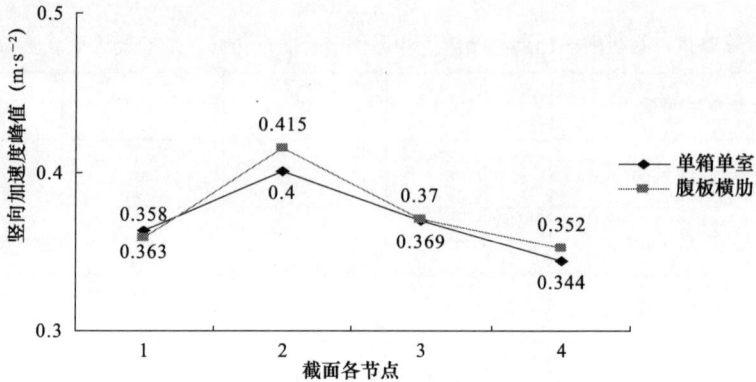

图 4-23　跨中截面节点竖向加速度峰值对比

综上所述，在箱梁跨中两侧腹板各设置四根横向加劲肋，在列车荷载作用下对截面不同位置有微弱影响，可小幅度减小顶板中线及腹板的振动，同时也小幅度增大了翼缘及底板中线的振动，减振效果不明显，不是有效的减振措施。

4.2.6　腹板纵向加劲肋箱梁结构振动分析

在单箱单室箱梁两侧腹板对称设置四根纵向加劲肋，截面形式如图 4-24 所示。

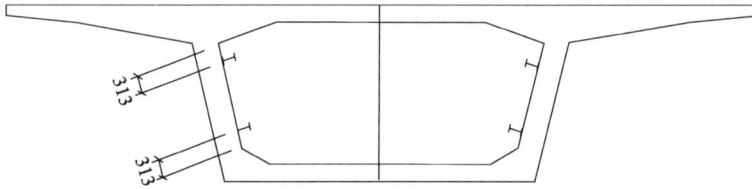

图 4-24　腹板纵向加劲肋截面示意图

将单箱单室和腹板纵向加劲肋箱梁跨中截面 4 个位置节点的竖向位移及加速度峰值列表，如表 4-8 所示。

单箱单室、腹板纵向加劲肋箱梁跨中截面节点竖向位移、加速度峰值表　　表 4-8

单箱单室箱梁	1	2	3	4
竖向位移峰值（$\times 10^{-3}$m）	0.96	1.04	1.02	0.87
竖向加速度峰值（$\mathrm{m \cdot s^{-2}}$）	0.363	0.4	0.369	0.344

腹板纵向加劲肋箱梁	1	2	3	4
竖向位移峰值（$\times 10^{-3}$m）	0.88	1.07	0.99	0.82
竖向加速度峰值（m·s^{-2}）	0.355	0.4	0.357	0.323

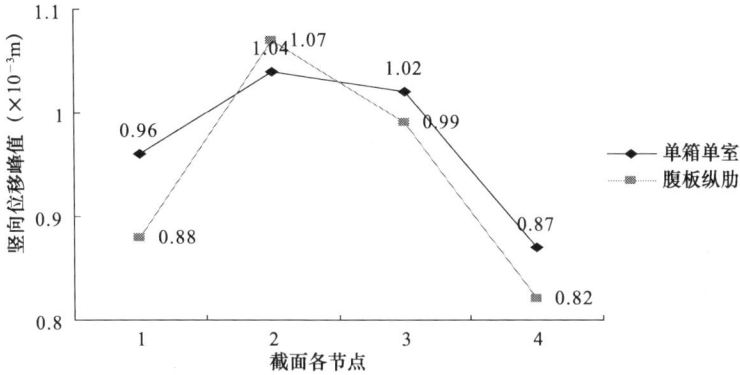

图 4-25 跨中截面节点竖向位移峰值对比

由图 4-25 可知，在箱梁跨中两侧腹板对称设置四根纵向加劲肋，1～4 节点竖向位移峰值减小幅度分别为 8.3%、−2.9%、2.9%、5.7%，腹板纵向加劲肋的设置增大了腹板的纵向刚度，在截面跨中及腹板位置竖向位移峰值均有不同程度的减小，翼缘位置有小幅增大。

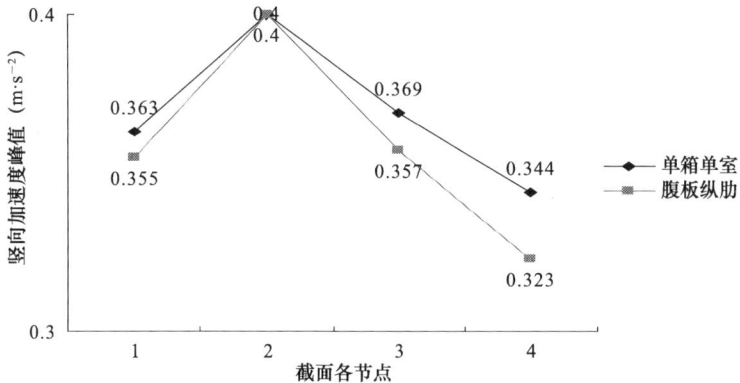

图 4-26 跨中截面节点竖向加速度峰值对比

由图 4-26 可知，箱梁跨中两侧腹板各设置四根横向加劲肋之后，1 ～ 4 节点竖向加速度峰值减小幅度分别为 2.2%、0%、3.2%、6.1%，可知设置腹板纵向加劲肋能够小幅减小结构在荷载作用下的竖向加速度。

综上所述，在箱梁跨中两侧腹板对称设置四根纵向加劲肋能够在一定程度上减小结构振动，这是由于加劲肋增大了箱梁腹板纵向刚度，减小了列车荷载作用下结构的竖向振动，但整体而言，减振效果并不显著。

4.3　本章小结

本章通过建立单箱双室箱梁及在箱梁内设置底板横向加劲肋、底板纵向加劲肋、顶板横向加劲肋、顶板纵向加劲肋、腹板横向加劲肋、腹板纵向加劲肋等有限元模型，在同一列车荷载作用下与单箱单室箱梁进行比较分析，选取结构竖向位移和竖向加速度为考察量，比较分析在相同的列车荷载作用下各箱梁模型与单箱单室箱梁的振动情况，得出结论如下：

（1）相同荷载作用下，单箱双室箱梁与单箱单室箱梁相比，结构竖向位移峰值和竖向加速度峰值均有明显减小，能够有效减小结构在高速列车荷载作用下的振动，是可行的减振措施。

（2）相同荷载作用下，在单箱单室箱梁底板设置横向加劲肋与不设置加劲肋时相比，结构竖向位移峰值和竖向加速度峰值均有微弱减小，但可忽略不计，在增加了结构措施及施工复杂性的同时，无法明显起到减小结构振动的作用，不建议作为结构设计减振措施。

（3）相同荷载作用下，在单箱单室箱梁底板设置纵向加劲肋与不设置加劲肋时相比，结构竖向位移峰值和竖向加速度峰值均明显减小，尤其是竖向加速度峰值减小幅度较大，达到 20% 以上，显著提高了结构的抗冲击能力，能够有效减小结构振动，是可行的减振措施。

（4）相同荷载作用下，在单箱单室箱梁顶板设置横向加劲肋与不设置加劲肋时相比，结构竖向位移及加速度均在顶板中线及腹板位置有小幅度减小，而翼缘及底板中线位置小幅度增大，对结构在列车荷载作用下的振动无法起到明显改善作用，不是行之有效的减振措施。

（5）相同荷载作用下，在单箱单室箱梁顶板设置纵向加劲肋与不设置加劲肋时相比，结构竖向位移峰值和竖向加速度峰值均有不同程度的增大，对结构在高速列车荷载作用下的振动不降反增，在高铁箱梁结构减振设计中应避免。

（6）相同荷载作用下，在单箱单室箱梁腹板设置横向加劲肋与不设置加劲肋时相比，结构竖向位移及加速度均在顶板中线及腹板位置有小幅度减小，而翼缘及底板中线位置小幅度增大，对结构在列车荷载作用下的振动无法起到明显改善作用，不是行之有效的减振措施。

（7）相同荷载作用下，在单箱单室箱梁腹板设置纵向加劲肋与不设置加劲肋时相比，结构竖向位移及竖向加速度均有一定程度减小，但降幅有限，减振效果并不明显。

第 5 章 声级理论

5.1 声级的定义

《环境影响评价技术导则 声环境》[40]中关于噪声的定义是：指人们不需要的频率在 20 ～ 20000Hz 范围内的可听声。其中噪声频率成分在 1000Hz 以上的噪声称为高频噪声；频率成分在 500 ～ 1000Hz 范围内的噪声称为中频噪声；频率成分在 500Hz 以下的噪声称为低频噪声[41]。在 20 ～ 20000Hz 频率范围内人耳可听到的声压或声强相差很大，比如，对于 1000Hz 的噪声，当声压为 2×10^{-5}Pa 时，人耳刚好可以听到，该声压称为听阈声压，当声压达到 20Pa 时就会使人开始产生疼痛，这个声压称为痛阈声压。从听阈声压到痛阈声压，其声压值相差 100 万倍。同样，从声强的角度看，从听阈声强 10^{-12}W·m^{-2} 到痛阈声强 1W·m^{-2}，其声强比为 1:10^{12}，两者相差一万亿倍。可见，声音强弱变化和人耳听觉范围是非常广泛的，在这样宽广的范围内，用声压或声强的绝对值来衡量声音的强弱是很不方便的，同时，在这样宽广的范围内，实现具有一定精度的量度也是困难的。为了把上述宽广的范围压缩为使用中容易处理的范围，并考虑到人耳听觉响应通常与声音强度的对数成正比的关系，在声学中普遍使用对数标度来度量声压、声强和声功率，称为声压级、声强级和声功率级，其单位用分贝（dB）表示。

声压级定义为有效声压与基准声压之比的常用对数的 20 倍，即

$$L_{\mathrm{p}} = 20 \lg \frac{p}{p_0} \qquad (5\text{-}1)$$

式中 L_{P}——声压级（dB）；

p——有效声压（Pa）；

p_0——参考声压，2×10^{-5}Pa。

由式（5-1）知参考声压 p_0，即人耳所能听到的起始声压对应的声压级为 0dB，痛阈声压 20Pa 对应的声压级为 120dB，因此可以把声压级数百万倍的变化

改变为 0 ～ 120dB 的变化范围。

声强级的定义为声强和基准声强之比的常用对数的 10 倍，即

$$L_I = 10 \lg \frac{I}{I_0} \tag{5-2}$$

式中　L_I——声强级（dB）；

　　　I——声强（Pa）；

　　　I_0——基准声强，$10^{-12}\text{W} \cdot \text{m}^{-2}$。

同样，声功率级定义为声功率和基准声功率之比的常用对数的 10 倍，即

$$L_W = 10 \lg \frac{W}{W_0} \tag{5-3}$$

式中　L_W——声功率级（dB）；

　　　W——声功率（Pa）；

　　　W_0——基准声功率，10^{-12}W。

声压级、声强级和声功率级三者之间的关系是：

$$L_I = L_p + 10 \lg (400/\rho_0 c_0) \tag{5-4}$$

$$L_W = L_I + 10 \lg S \tag{5-5}$$

$$L_W = L_p + 10 \lg S + 10 \lg (400/\rho_0 c_0) \tag{5-6}$$

式中　S——声源辐射的面积。在自由场情况下，球面波的面积 $S = 4\pi r^2$，而对
　　　于半自由场，因声波只向半个空间辐射，此时声源辐射面积按半球
　　　面波计算，即 $S = 2\pi r^2$。

5.2　声级的计算 [69-72]

（1）声级的合成

在噪声的测量中，噪声源往往不止一个，有时即使只有一个噪声源，也常常
要涉及不同频率或者频段噪声级之间的合成，经常需要进行分贝的计算。由于噪
声级是按对数运算得到的，因而声级的合成不能按一般自然数的运算法则进行计
算，必须按对数规律进行。

对于多个声源来讲，声功率和声强可以代数相加，即 n 个声源的声功率和声
强的和为

$$W = W_1 + W_2 + \cdots + W_n \tag{5-7}$$

$$I = I_1 + I_2 + \cdots + I_n \tag{5-8}$$

由此得总声功率级和声强级分别为

$$L_W = 10\lg\frac{W}{W_0} = 10\lg\frac{W_1 + W_2 + \cdots + W_n}{W_0} \tag{5-9}$$

$$L_I = 10\lg\frac{I}{I_0} = 10\lg\frac{I_1 + I_2 + \cdots + I_n}{I_0} \tag{5-10}$$

对于同时存在两个以上的噪声源时，设其有效声压和声压级分别为 p_1，p_2，$\cdots p_n$ 和 L_{p1}，L_{p2}，$\cdots L_{pn}$，则

$$p = \sqrt{p_1^2 + p_2^2 + \cdots + p_n^2} \tag{5-11}$$

$$\frac{p_i^2}{p_0^2} = 10^{\frac{L_{pi}}{10}} \qquad i = 1, 2, \cdots, n \tag{5-12}$$

由此得

$$L_p = 20\lg\frac{p}{p_0} = 10\lg\frac{p_1^2 + p_2^2 + \cdots + p_n^2}{p_0^2} \tag{5-13}$$

若 n 个声级相同的噪声源叠加，则其合成声压级为：

$$L_p = L_1 + 10\lg n \tag{5-14}$$

式中 L_1——其中一个噪声源的声压级。

（2）声级的分解

在噪声的测试中，本底噪声或环境噪声对声源测量结果具有重要的影响，为了提高测试精度，需要消除本底噪声的影响。

若已知某 n 个声源总声压级和其中的 $n-1$ 个声源的声压级，求第 k 个声源的声压级，由式（5-13）得：

$$L_{Pk} = 10\lg\left[10^{0.1L_p} - \left(\sum_{i=1}^{k-1}10^{0.1L_{pi}} + \sum_{i=k+1}^{n}10^{0.1L_{pi}}\right)\right] \tag{5-15}$$

同理由式（5-9）、式（5-10）得第 k 个声源得声功率级及声强级分别为：

$$L_{Ik} = 10\lg\left[10^{0.1L_I} - \left(\sum_{i=1}^{k-1}10^{0.1L_{Ii}} + \sum_{i=k+1}^{n}10^{0.1L_{Ii}}\right)\right] \tag{5-16}$$

$$L_{Wk} = 10\lg\left[10^{0.1L_W} - \left(\sum_{i=1}^{k-1}10^{0.1L_{Wi}} + \sum_{i=k+1}^{n}10^{0.1L_{Wi}}\right)\right] \tag{5-17}$$

5.3 列车荷载作用下箱梁结构的噪声辐射

5.3.1 箱梁结构表面声压级 L_p（dB）

由于所测试的桥梁处于京汉大道的主干线上。因此在进行结构表面声场的测量过程中不可避免地要受到周围背景噪声的影响，该背景噪声主要是道路交通噪声，虽然 4189A 21 传声器对声的传播方向有严格的要求（即：传声器的主轴必须与声波的传播方向一致，且接收端应距声源最近），但是周围的道路交通噪声仍可能通过桥梁结构表面的反射到达传声器的接收端，因此分析仪所采集的数据信息中混有周围背景噪声的信息。

根据 5.2 节所介绍的声级理论计算去除背景噪声前与去除背景噪声后箱梁结构表面声压级 L_p。计算结果列于表 5-1 中。

结构表面测点声压级 L_p（dB）的统计平均　　　　表 5-1

近轨				远轨			
测点	车速	去噪前 L_p（dB）	去噪后 L_p（dB）	测点	车速	去噪前 L_p（dB）	去噪后 L_p（dB）
1		87.77	86.28	1		85.94	84.95
2		88.57	86.41	2		87.32	86.10
3		89.26	86.67	3		86.69	84.75
4		90.88	89.08	4		87.36	86.40
5		89.14	87.35	5		86.31	84.84
6		90.77	88.87	6		87.75	85.93
7	50km/h	93.23	91.00	7	50km/h	88.16	83.08
8		93.38	91.79	8		89.46	88.50
9		95.8	92.82	9		87.54	85.97
10		99.34	95.59	10		87.86	86.05
11		87.63	85.63	11		86.99	83.69
12		87.36	83.25	12		86.77	84.15
13		87.60	85.60	13		87.08	85.08

续表

	近轨				远轨		
测点	车速	去噪前 L_p（dB）	去噪后 L_p（dB）	测点	车速	去噪前 L_p（dB）	去噪后 L_p（dB）
14		90.71	88.36	14		88.94	86.72
15	50km/h	85.45	82.88	15	50km/h	90.72	88.87
16		85.18	82.61	16		89.32	86.64

5.3.2 噪声辐射沿纵截面的变化情况

1. 纵截面 1（测点 1，测点 5，测点 9，测点 13）

声压级变化曲线如图 5-1 所示。

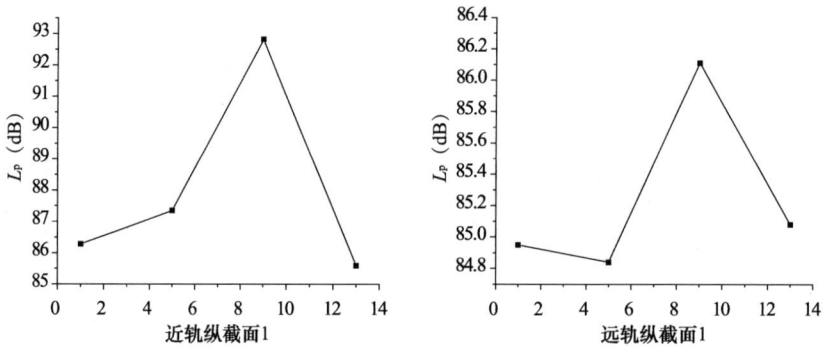

图 5-1

2. 纵截面 2（测点 2，测点 6，测点 10，测点 14）

声压级变化曲线如图 5-2 所示：

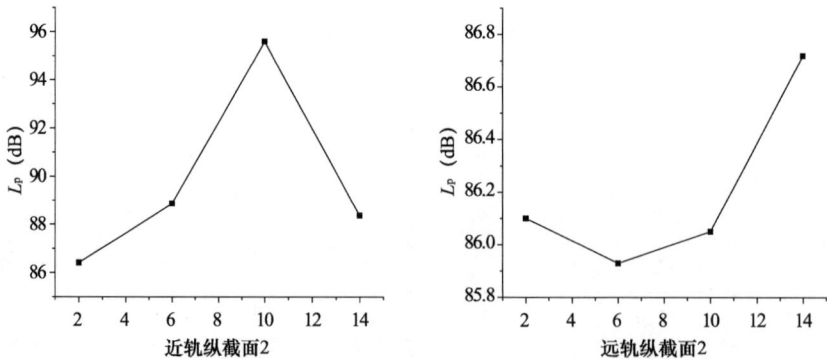

图 5-2

3．纵截面 3（测点 3，测点 7，测点 11，测点 15）

声压级变化曲线如图 5-3 所示：

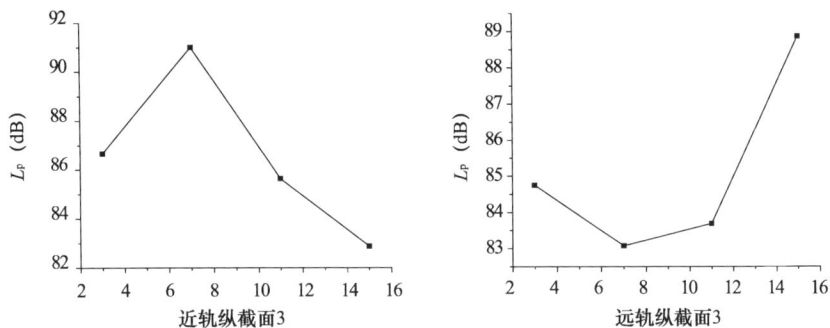

图 5-3

4．纵截面 4（测点 4，测点 8，测点 12，测点 16）

声压级变化曲线如图 5-4 所示：

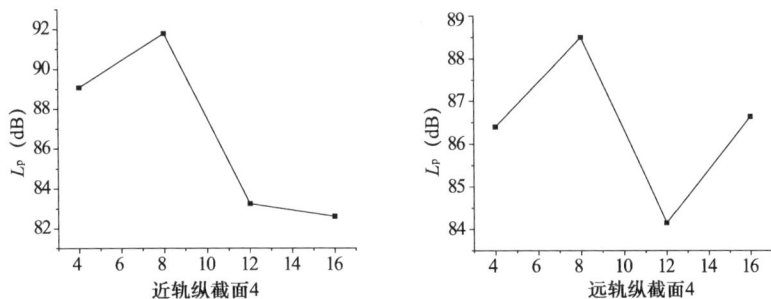

图 5-4

5.3.3　噪声辐射沿横截面的变化情况

1．横截面 1（测点 1，测点 2，测点 3，测点 4）

声压级变化曲线如图 5-5 所示：

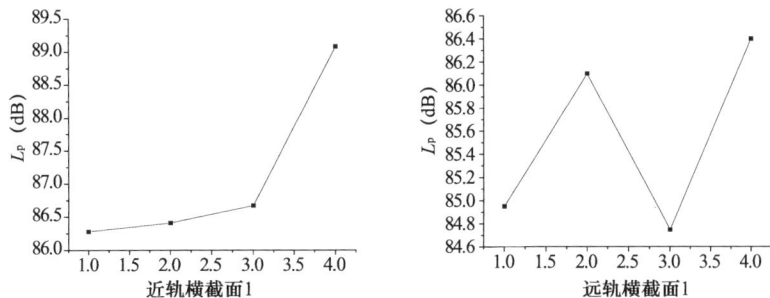

图 5-5

85

2. 横截面 2（测点 5，测点 6，测点 7，测点 8）

声压级变化曲线如图 5-6 所示：

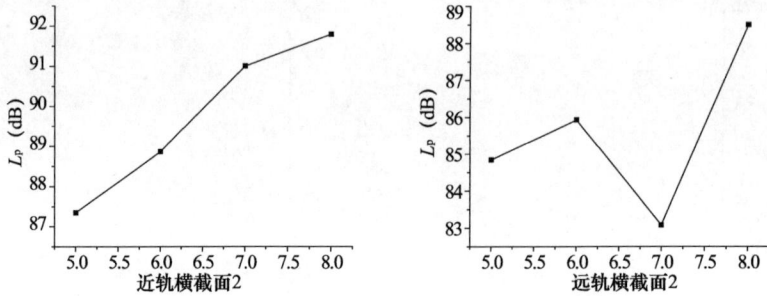

图 5-6

3. 横截面 3（测点 9，测点 10，测点 11，测点 12）

声压级变化曲线如图 5-7 所示：

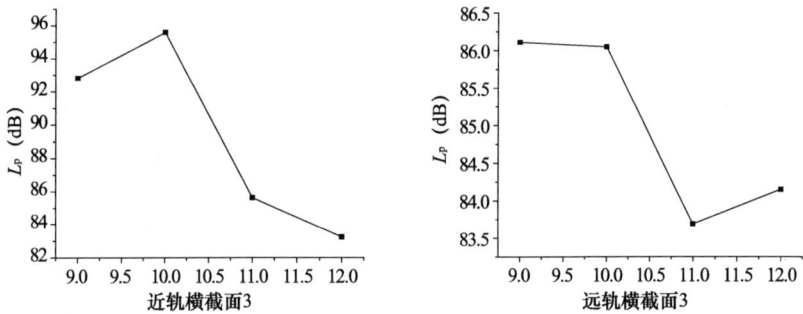

图 5.7

4. 横截面 4（测点 13，测点 14，测点 15，测点 16）

声压级变化曲线如图 5-8 所示：

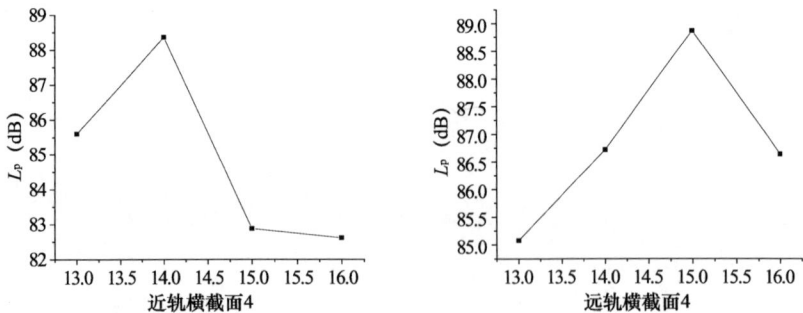

图 5-8

5.4 本章小结

1. 远轨运行

（1）从图 5-9 中可以看出，轻轨列车远轨运行时所引起的箱形梁振动强度最大部位是测点 8（110.08dB），振动强度最小部位是测点 11（90.01dB），悬臂前沿部分（纵截面 1），底板部分（纵截面 4），较其他部位如腹板（纵截面 3）和悬臂根部（纵截面 2）振动得剧烈。

振动沿横截面的分布情况是：

① 横截面 1，横截面 2，横截面 3，测点的振动加速度级是减小，减小，增大的趋势。

② 横截面 4，由于测点 13 的数据记录有问题，振动加速度级大致也是减小，减小，增大的趋势。（因为从前面的分析结果来看，测点 13 在悬臂的前沿部分其振动加速度级应该在 105 ～ 107dB）

（2）从图 5-9 中可以看出，轻轨列车远轨运行时各测点的噪声级主要分布在 84.5 ～ 87dB，噪声级较大的两个测点是测点 8（88.50dB）和测点 15（88.87dB）。

噪声沿横截面的分布情况是：

① 横截面 1，横截面 2，横截面 3，测点的噪声级是增大，减小，增大的趋势。

② 横截面 4，测点的噪声级是增大，增大，减小的趋势。

纵截面 1 各测点（测点 1，测点 5，测点 9，测点 13）虽有较激烈的振动，但辐射出的声能却不是最大的，说明该部位的辐射声功率较其他部位的辐射声功率小，从控制噪声的角度考虑，将振动的能量适当地转向该部位可以降低箱形梁结构所辐射的噪声。

2. 近轨运行时

从图 5-9 中可以看出，轻轨列车近轨运行时横截面 1，横截面 2 上测点的噪声级主要分布在 86 ～ 92dB，横截面 3，横截面 4 上测点的噪声级主要分布在 82 ～ 86dB，噪声级较大的两个测点是横截面 3 处的测点 9（92.82dB）和测点 10（95.59dB）。

噪声沿横截面的分布情况是：

（1）横截面 1，横截面 2，测点的噪声级是增大，增大，增大的趋势。

（2）横截面 3，横截面 4，测点的噪声级是增大，减小，减小的趋势。

振动沿横截面的分布情况（振动测试数据有问题无法做出准确判断）估计与远轨运行时相同，横截面 1，横截面 2，横截面 3，横截面 4，测点的振动加速度级是减小，减小，增大的趋势。

3．箱形梁结构振动强度与噪声辐射的最大部位从附录 1 中附图 1-1 ～附图 1-4 可以看出：

（1）近轨与远轨运行时，1/4 箱形梁结构振动强度最大的部位是靠近结构中心的底板和靠近支座的悬臂部位。

（2）近轨运行时，1/4 箱形梁结构辐射噪声最大的部位是靠近结构中心的底板和靠近支座的悬臂部位，远轨运行时，1/4 箱形梁结构辐射噪声的最大部位是靠近结构中心的底板。

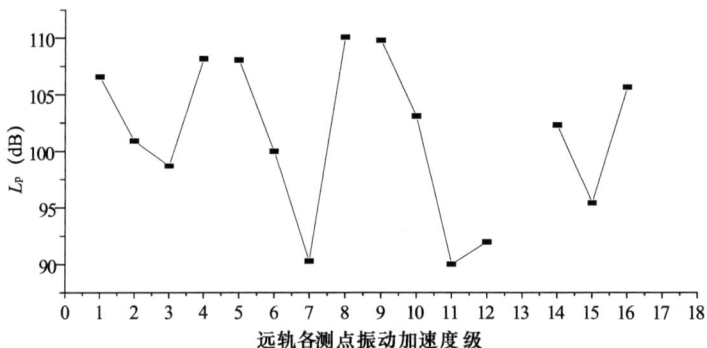

远轨各测点振动加速度级

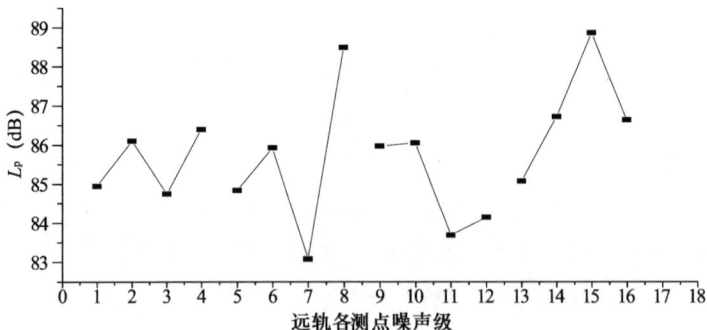

远轨各测点噪声级

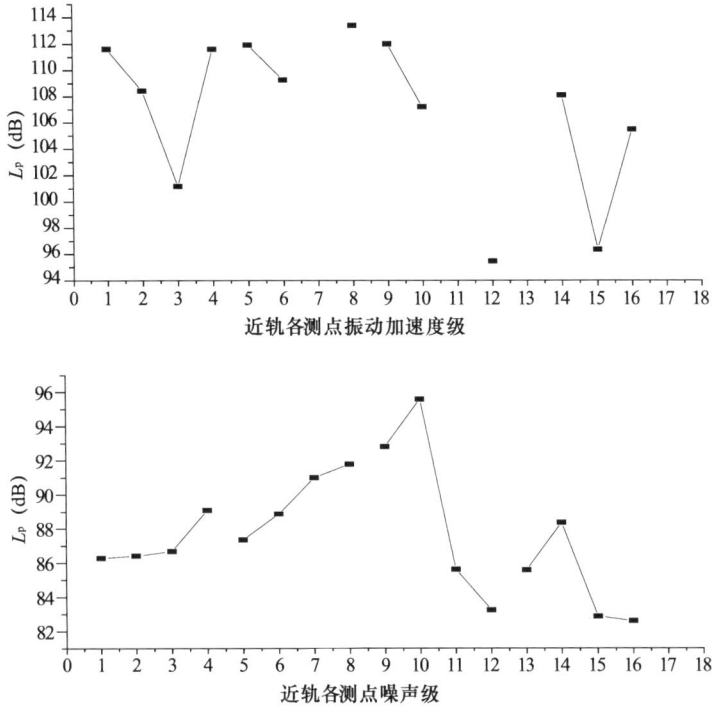

图 5-9

第 6 章　列车荷载作用下箱梁结构的振动响应与噪声辐射的频谱特性

6.1　箱形梁结构的自振频率

6.1.1　混凝土箱形梁的有限元建模

在混凝土的有限元分析中，对钢筋的处理主要分为三种方式[73,74]，即分离式、整体式和组合式模型。

分离式模型把混凝土和钢筋作为不同的单元来处理，即混凝土和钢筋各自被划分为足够小的单元，两者的刚度矩阵是分开来求解的，通常忽略钢筋的横向抗剪强度，因此可以将钢筋作为线单元处理。钢筋和混凝土之间插入粘结单元来模拟钢筋和混凝土之间的粘结和滑移。此种模型的应用最为广泛。

整体式模型假定混凝土和钢筋粘结很好，把单元视为连续均匀材料，钢筋弥散于整个单元中，一次求得综合的刚度矩阵，单元的弹性矩阵由两部分组成 $D = D_c + D_s$[75]，综合了混凝土与钢筋单元的刚度矩阵，混凝土在开裂前视为均质体。

组合式模型又分为两种：一种是分层组合式，在横截面上分成许多混凝土层和若干钢筋层，并对截面的应变做出某些假设，这种组合方式在钢筋混凝土板、壳结构中应用较广；另一种组合方式是采用带钢筋膜的等参单元。

模型中普通钢筋（包括受力钢筋和构造钢筋）的模拟采用整体式配筋，因为我们不考虑钢筋的粘结与滑移，所以只要输入配筋率即可。在 ANSYS 软件中 Solid65 单元就是专门分析钢筋混凝土结构的整体式模型单元。预应力钢筋与混凝土采用组合式模型，分别构造出混凝土实体和钢绞线的位置，钢绞线采用

Link8 单元，梁端简支。

假设预应力钢绞线与混凝土之间粘结良好，则它们可视为刚性连接，共有 15200 个 Solid65 单元，996 个 Link8 单元。本章采用子空间迭代法求解其自振频率。

6.1.2 有限元计算结果

表 6-1 列出了箱形梁前四阶自振频率的计算结果。图 6-1 显示了箱形梁的前 4 阶振型。

从图 6-1 中可以看出，第 1 阶振型为梁体的竖向振动，关于横对称面、纵对称面正对称。第 2 阶和第 4 阶振型为梁体横向振动和竖向振动的组合，关于横对称面、纵对称面反对称。第 3 阶振型为梁体的竖向振动，关于横对称面反对称，关于纵对称面正对称。由于梁体结构的动力响应受有限阶振型控制，因此前几阶振型的特点即可充分反映结构的动力特性。

箱形梁结构的前四阶自振频率　　　　　　　　　　　　　表 6-1

振型	频率（Hz）	周期（s）
1	5.311	0.188
2	16.713	0.060
3	17.599	0.057
4	18.562	0.054

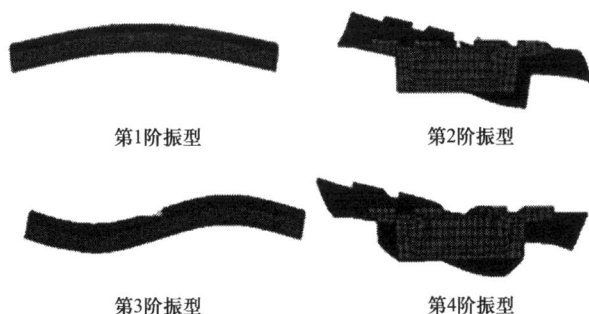

第1阶振型　　　　　　　　　　　　第2阶振型

第3阶振型　　　　　　　　　　　　第4阶振型

图 6-1　箱形梁结构的前四阶振型

6.1.3　测试原理与测试结果

当列车驶离桥梁时，桥梁结构以列车荷载频率响应的幅度衰减很快，桥梁结构的响应主要表现为：在周围背景振动的激励下，以其自振频率不断地响应下去。此时桥梁结构的响应主要以前几阶振型为主。对列车驶离桥梁后的 10s 振动加速度数据进行频谱分析后得到的结果如图 6-2 和图 6-3 所示。

从图 6-2 和图 6-3 中可以看到在 5.45Hz 处有一明显的峰值，在该频率处桥梁振动最剧烈。数值模拟结果桥梁结构的第一阶为弯曲振型，跨中振幅最大，向梁端振幅逐渐减小。实测结果测点 4 和测点 8 在该频率处的峰值比较也正说明了这一点（测点 4 处加速度的自谱峰值大于测点 8 处的加速度自谱峰值）。并且模拟结果第一阶自振频率为 5.31Hz，因此可以确定该箱形梁结构的第一阶自振频率为 5.45Hz。

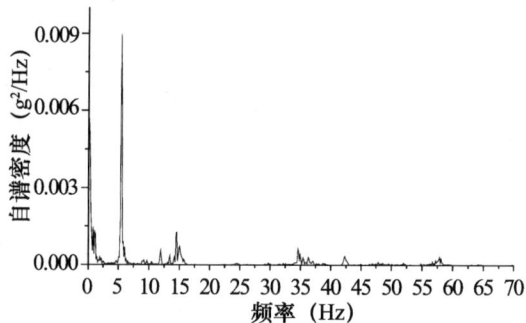

图 6-2　测点 4 处结构响应的加速度自谱

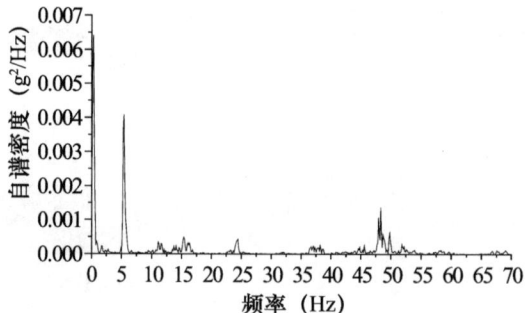

图 6-3　测点 8 处结构响应的加速度自谱

6.2 箱形梁结构振动和噪声辐射的频谱

6.2.1 振动与噪声的相干分析理论

由于测试环境的因素，测量得到的噪声信号混有周围背景噪声，因此需要对测量得到的信号作适当的处理。假定周围背景噪声与结构辐射噪声是完全不相关的，系统为理想线性系统。令真输入信号（结构振动）和真输出信号（结构辐射噪声）分别为 $u(t)$ 和 $v(t)$，系统的频响函数为 $H(f)$，周围背景噪声为 $n(t)$，测量得到的输入输出信号分别为 $x(t)$ 和 $y(t)$，如图 6-4 所示。

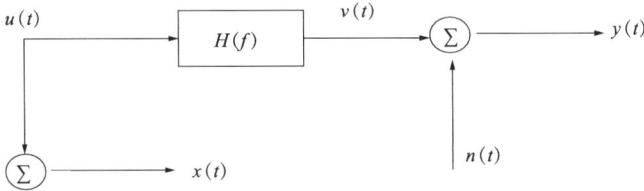

图 6-4 具有外界噪声的输入输出系统

输入输出的测量记录为：

$$x(t) = u(t)$$
$$y(t) = v(t) + n(t)$$

（6-1）

因为周围背景噪声与真输出信号（结构辐射噪声）是不相关的，于是周围背景噪声与真输出信号的互谱 $G_{vn}(f) = 0$。

对于理想系统，输入输出互谱关系式为：

$$G_{vv}(f) = |H(f)|^2 G_{uu}(f)$$
$$G_{uv}(f) = H(f)G_{uu}(f)$$

（6-2）

式中　$G_{vv}(f)$——真输出信号自谱；

　　　$G_{uu}(f)$——真输入信号自谱；

　　　$G_{uv}(f)$——真输入与真输出互谱。

但是，测量得到的谱密度函数是 $G_{xx}(f)$，$G_{yy}(f)$ 和 $G_{xy}(f)$。因为对所有的 f 有 $G_{nn}(f) \geqslant 0$，所以有：

$$G_{xx}(f) = G_{uu}(f)$$
$$G_{yy}(f) = G_{vv}(f) + G_{nn}(f) \geqslant G_{vv}(f) \tag{6-3}$$
$$G_{xy}(f) = G_{uv}(f)$$

测量得到的相干函数是：

$$\gamma_{xy}^2(f) = \frac{\left|G_{xy}(f)\right|^2}{G_{xx}(f)G_{yy}(f)} \tag{6-4}$$

根据式（3-2）、式（3-3），有：

$$\left|G_{xy}(f)\right|^2 = \left|G_{uv}(f)\right|^2 = \left|H(f)\right|^2 G_{uu}^2(f)$$
$$= G_{uu}(f)G_{vv}(f) \tag{6-5}$$

于是，相干函数变为：

$$\gamma_{xy}^2(f) = \frac{G_{uu}(f)G_{vv}(f)}{G_{uu}(f)\left[G_{vv}(f) + G_{nn}(f)\right]} \leqslant 1 \tag{6-6}$$

于是相干输出声压自谱为：

$$G_{vv}(f) = \gamma_{xy}^2[G_{vv}(f) + G_{nn}(f)] = \gamma_{xy}^2 G_{yy}(f) \tag{6-7}$$

各测点的振动加速度自谱，声压自谱，相干函数，相干输出声压自谱见附录2中附图 2-1～附图 2-23。从图中可知：远轨一侧箱形梁结构的振动和噪声更多地表现为窄频特性，近轨一侧箱形梁结构的振动和噪声更多地表现为宽频特性，且随频域的变化谱值出现多个峰值。

6.2.2　箱形梁结构各截面测点处振动的频率范围

从附录2中附图 2-1～附图 2-6 可知轻轨列车在驶进到驶出桥梁的过程中：

（1）纵截面1，即悬臂前沿部分（测点1，测点5，测点9，测点13）：

① 远轨时振动响应的频率范围主要分布在 40～60Hz。

② 近轨时振动响应的频率范围主要分布在 40～80Hz，且振动响应的频率成分较远轨时振动响应的频率成分更为丰富。

（2）纵截面2，即悬臂根部（测点2，测点6，测点10，测点14）：

① 远轨时振动响应的频率范围主要分布在 40～90Hz。

② 近轨时振动响应的频率范围主要分布在 50～120Hz，且振动响应的频率成分较远轨时振动响应的频率成分更为丰富。

（3）纵截面3，即腹板（测点3，测点7，测点11，测点15）：

振动响应的频率范围分布较广，主要分布在50～180Hz。

（4）纵截面4，即底板（测点4，测点8，测点12，测点16）：

振动响应的频率范围主要分布在40～90Hz。

（5）各横截面上的测点处振动响应的频率范围是：

① 远轨时各测点的振动响应的主要频率范围按照悬臂前沿部分的测点，悬臂根部测点，腹板测点，底板测点的顺序分别是：40～60Hz，40～90Hz，50～180Hz，40～90Hz。

② 近轨时各测点的振动响应的主要频率范围按照悬臂前沿部分的测点，悬臂根部测点，腹板测点，底板测点的顺序分别是：40～80Hz，50～120Hz，50～180Hz，40～90Hz。

6.2.3　箱形梁结构各截面测点处噪声辐射的频率范围

从附录2中附图2-1～附图2-6可知轻轨列车在驶进到驶出桥梁的过程中：

（1）近轨一侧桥梁结构各个部位所辐射噪声的频率范围大致相同，主要分布在40～80Hz。远轨一侧桥梁结构各个部位所辐射噪声的频率范围大致相同，主要分布在40～60Hz。

（2）近轨一侧桥梁结构各个部位所辐射的噪声的频率范围比远轨一侧桥梁结构各个部位所辐射的噪声的频率范围要广。

6.2.4　箱形梁结构各部位较小辐射声功率

从桥梁结构各个测点处的振动响应频率范围与桥梁结构各个测点处辐射噪声的频率范围的对比可知：

轻轨列车在驶进到驶出桥梁的过程中：

（1）近轨一侧的悬臂根部以40～50Hz的振动频率响应时，其辐射声功率较大。以80～120Hz的振动频率响应时，其辐射声功率较小。远轨一侧的悬臂根部的部位以60～90Hz的振动频率响应时，其辐射声功率较小。

（2）近轨一侧的腹板部位以40～50Hz的振动频率响应时，其辐射声功率较大，以80～180Hz的振动频率响应时，其辐射声功率较小。远轨一侧的腹板部位以40～50Hz的振动频率响应时，其辐射声功率较大，以60～180Hz的振动频率响应时，其辐射声功率较小。

（3）近轨一侧的底板以 80 ～ 90Hz 的振动频率响应时，其辐射声功率较小。
远轨一侧的底板以 60 ～ 90Hz 的振动频率响应时，其辐射声功率较小。

6.3　箱形梁结构的减振降噪

各测点处的相干输出声压自谱峰值所对应的频率及其相干函数统计于表
6-2 ～表 6-14 中。

测点 1 处相干输出声压自谱峰值所对应的频率及其相干函数　　表 6-2

远轨测点 1			近轨测点 1		
频率	响应	相干函数	频率	响应	相干函数
48.5		0.95	50.7		0.98
51.5		0.98	48.5		0.95
46.6		0.97	68		0.88
25		0.47	25		0.44
32.9		0.98	51.5		0.88
72.1		0.97	54.6		0.97
63.9		0.97			

测点 2 处相干输出声压自谱峰值所对应的频率及其相干函数　　表 6-3

远轨测点 2			近轨测点 2		
频率	响应	相干函数	频率	响应	相干函数
48.5		0.96	48.5		0.97
46.6		0.94	25		0.56
25		0.35	74.9		0.77
32.9		0.99	66.5		0.89
72.1		0.98	47		0.88

测点 3 处相干输出声压自谱峰值所对应的频率及其相干函数　　表 6-4

远轨测点 3			近轨测点 3		
频率	响应	相干函数	频率	响应	相干函数
25		0.52			
45.6		0.97			
44.2		0.93	25		0.42
29.4		0.78	65.9		0.83
41.5		0.91	63.2		0.88
43.1		0.82	46.9		0.69
46.5		0.96			

测点 4 处相干输出声压自谱峰值所对应的频率及其相干函数　　表 6-5

远轨测点 4			近轨测点 4		
频率	响应	相干函数	频率	响应	相干函数
45.6		0.99			
43.9		0.99			
25		0.61	57.1		0.98
70.4		0.27	71.2		0.98
74		0.83	25		0.51
65.3		0.89			
55.9		0.80			
41.4		0.97			

测点 5 处相干输出声压自谱峰值所对应的频率及其相干函数　　表 6-6

远轨测点 5			近轨测点 5		
频率	响应	相干函数	频率	响应	相干函数
51.5		0.97	24.3		0.75
48.5		0.95	48.5		0.53
46.7		0.93	67.6		0.95
24		0.5	59.6		0.87
66.9		0.94	65.3		0.93
41.4		0.95	66.4		0.75

测点 6 处相干输出声压自谱峰值所对应的频率及其相干函数　表 6-7

远轨测点 6			近轨测点 6		
频率	响应	相干函数	频率	响应	相干函数
51.5		0.97	48.5		0.76
48.5		0.97	66.4		0.79
72.4		0.81	56.6		0.76
24		0.39	69.6		0.94
46.8		0.85	71.8		0.86

测点 8 处相干输出声压自谱峰值所对应的频率及其相干函数　表 6-8

远轨测点 8			近轨测点 8		
频率	响应	相干函数	频率	响应	相数
46.9		0.98			
72.6		0.94	51.5		0.95
51.5		0.94	58.8		0.96
48.5		0.98	57.1		0.94
57.1		0.96	67.6		0.95
114		0.99			
64.4		0.98			

测点 9 处相干输出声压自谱峰值所对应的频率及其相干函数　表 6-9

远轨测点 9			近轨测点 9			
频率	响应	相干函数	频率	响应	相干函数	
32.9		0.97				
48.5		0.98	14.1		0.68	
63.9		0.90	16.2		0.74	
24.5		0.80	22.3		0.64	
41		0.94	59.2		0.90	
46.6		0.62				

测点 10 处相干输出声压自谱峰值所对应的频率及其相干函数 表 6-10

远轨测点 10			近轨测点 10		
频率	响应	相干函数	频率	响应	相干函数
32.9		0.98			
64		0.93			
51.5		0.92	25.2		0.66
62.1		0.97	30.4		0.88
56.6		0.84	37.9		0.81
48.5		0.91	51.5		0.82
24.4		0.73	52.4		0.88
46.6		0.69			
65.3		0.54			

测点 12 处相干输出声压自谱峰值所对应的频率及其相干函数 表 6-11

远轨测点 12			近轨测点 12		
频率	响应	相干函数	频率	响应	相干函数
72.4		0.7			
51.5		0.94	24.2		0.64
24.4		0.46	60		0.8
48.5		0.94	64.7		0.83
82.6		0.92	62.1		0.9
61.4		0.88			

测点 14 处相干输出声压自谱峰值所对应的频率及其相干函数 表 6-12

远轨测点 14			近轨测点 14		
频率	响应	相干函数	频率	响应	相干函数
48.5		0.93	25		0.54
24.3		0.66	48.5		0.86
51.5		0.98	57.9		0.81
33		0.95	59.6		0.93
34.2		0.92	36.4		0.78
60		0.94	33		0.97
52.5		0.96			

测点 15 处相干输出声压自谱峰值所对应的频率及其相干函数　　表 6-13

远轨测点 15			近轨测点 15		
频率	响应	相干函数	频率	响应	相干函数
25		0.56			
51.5		0.89			
29.4		0.81			
63.6		0.89	24		0.62
32.6		0.64	47.8		0.67
32.7	↓	0.64	30	↓	0.82
48.5		0.89			
28.9		0.60			

测点 16 处相干输出声压自谱峰值所对应的频率及其相干函数　　表 6-14

远轨测点 16			近轨测点 16		
频率	响应	相干函数	频率	响应	相干函数
45.4		0.8	24.1		0.52
59.7		0.88	57.9		0.84
25		0.46	45.8	↓	0.78
31.7	↓	0.94			

从表 6-2 ～表 6-14 中可以得出：

（1）轻轨列车运行时箱形梁结构大部分测点在 48.5Hz、51.5Hz 处存在峰值且相干函数都在 0.9 以上，说明在该频率处振动与噪声有较强的线性相关性，该频率的噪声是由结构振动所引起的。

（2）在 48.5Hz、51.5Hz 处噪声峰值较大，说明结构振动所辐射的噪声的能量主要集中在该频率处。

（3）在 48.5Hz、51.5Hz 处，结构振动与噪声有较强的线性相关性，且振动能量集中在该频率处，因此降低该频率处的振动是降低结构噪声的楔入口。降低该频率处的振动响应可从整体上降低箱梁结构所辐射的噪声。

（4）在 25Hz 附近，噪声谱中也存在着峰值，但该频率处的相干函数在 0.65 以下，振动和噪声的相关性较小。测量到的该频率处的噪声可能是由其他声源所引起的。

6.4　本章小结

本章主要以第 2 章实测的时域数据为基础，分别计算振动与噪声的自相关函数与互相关函数，然后通过傅氏变换获得振动与噪声的自谱及振动与噪声的互谱。假定轻轨列车运行时箱形梁结构所辐射的噪声与周围背景噪声是完全不相关的，系统为理想线性系统，计算了箱形梁结构振动与噪声辐射的相干函数，得到了相干输出声压自谱。

主要得出如下结论：

（1）箱形梁结构的前 4 阶自振频率分别为 5.45Hz，16.71Hz，17.60Hz，18.56Hz。主要表现为竖向振动、横向振动、竖向振动与横向振动的组合。

（2）远轨运行与近轨运行时箱形梁结构各部位振动响应的频率范围是不同的。远轨一侧箱形梁结构的振动响应更多地表现为窄频特性，近轨一侧箱形梁结构的振动和噪声更多地表现为宽频特性，且随频域的变化谱值出现多个峰值。

（3）远轨运行与近轨运行时箱形梁结构各部位噪声辐射的频率范围大致相同。远轨一侧箱形梁结构所辐射的噪声更多地表现为窄频特性，近轨一侧箱形梁结构所辐射的噪声更多地表现为宽频特性，且随频域的变化谱值出现多个峰值。

（4）箱形梁结构各部位的辐射声功率是不同的。降低箱形梁结构的辐射噪声应考虑箱形梁各个部位辐射声功率的频率范围，使箱形梁各部位以某一频率响应时其辐射声功率最小。

（5）通过相干分析找到了对噪声辐射贡献较大的振动响应的频率范围，通过减小该频率处的振动能量达到减小结构辐射噪声的目的。

第7章 结论与展望

7.1 结论

箱梁振动特性分析结论总结如下：

（1）高速列车荷载作用下箱梁结构横向位移与横向加速度均明显小于竖向位移与竖向加速度，说明列车荷载作用下箱梁结构以竖向振动为主。

（2）箱梁结构竖向位移随着列车轮对荷载作用时间、位置及轮对数量的不同而不同，梁体在预应力筋的作用下跨中区域向上起拱，有初始竖向正位移，作用于梁体的轮对荷载越多，结构竖向负位移越大。梁体加速度随荷载作用较为稳定，变化不大，由于梁体结构对轮对荷载的激励作用敏感，当轮对荷载驶入或驶出梁体时梁端承轨台荷载作用位置承受很大的轮对荷载的冲击作用，加速度峰值均出现在轮对荷载驶入或驶出梁体时梁端荷载作用处。

（3）荷载作用下箱梁跨中位置位移最大，梁体梁端位移最小，从端部到跨中位移呈现增大的趋势，各截面翼缘处位移较其他位置大很多，而截面中线在所有位置中位移最小。各截面翼缘在所有位置中加速度均为最大，中线位置最小，底板中线比顶板中线位置加速度更小，从截面中线到翼缘位置振动呈现增大趋势。梁端截面因列车荷载驶入驶出而承受较大的冲击作用，截面翼缘及梗腋位置加速度较其他截面同一位置大很多，振动更为显著。

腔室变化、设置加劲肋对箱梁振动影响分析结论总结如下：

（1）单箱双室箱梁在列车荷载作用下结构竖向位移、加速度较单箱单室箱梁有显著下降，减振效果明显。

（2）在箱梁底板跨中区域对称设置横向加劲肋，结构竖向位移、加速度较不设置加劲肋时有微弱减小，可忽略不计，不能显著减小梁体振动。

（3）在箱梁底板设置纵向加劲肋，结构竖向位移、加速度较不设置加劲肋时有显著下降，减振效果明显。

（4）在箱梁顶板跨中对称设置横向加劲肋，结构竖向位移、加速度较不设置加劲肋时在顶板中线及腹板位置小幅度减小，翼缘及底板中线位置小幅度增大，无法有效减小结构振动，达不到减振目的。

（5）在箱梁顶板设置纵向加劲肋，结构竖向位移、加速度较不设置加劲肋时均有一定程度增大，结构振动不降反增，在结构设计中应避免。

（6）在箱梁腹板设置横向加劲肋，结构竖向位移、加速度较不设置加劲肋时在顶板中线及腹板位置小幅度减小，翼缘及底板中线位置小幅度增大，无法有效减小结构振动，达不到减振目的。

（7）在箱梁腹板设置纵向加劲肋，结构竖向位移及竖向加速度较不设置加劲肋时均有一定程度的减小，但降幅有限，减振效果不明显。

（8）高速列车荷载作用下，采用单箱双室结构及在箱梁底板设置纵向加劲肋是行之有效的减振措施，其中设置底板纵向加劲肋的减振效果最好；设置底板横向加劲肋，顶板横向加劲肋，腹板加劲肋减振效果均不明显，达不到减振的目的；设置顶板纵向加劲肋反而会使结构振动增大，在设计中应尽量避免。

（9）根据振级理论和声压级理论对原始的时域数据做了处理，得到了测点处的振动加速度级与声压级。总结出近轨与远轨运行时，振动强度与噪声辐射沿箱形梁截面的变化规律。

（10）近轨与远轨运行时，1/4 箱形梁结构振动强度最大的部位是靠近结构中心的底板和靠近支座的悬臂部位。

（11）近轨运行时，1/4 箱形梁结构辐射噪声最大的部位是靠近结构中心的底板和靠近支座的悬臂部位，远轨运行时，1/4 箱形梁结构辐射噪声的最大部位是靠近结构中心的底板。

（12）箱形梁结构的前 4 阶自振频率分别为 5.45Hz，16.71Hz，17.60Hz，18.56Hz。主要表现为竖向振动、横向振动、竖向振动与横向振动的组合。

（13）远轨与近轨运行时箱形梁结构各部位振动响应的频率范围是不同的。远轨一侧箱形梁结构的振动响应更多地表现为窄频特性，近轨一侧箱形梁结构的振动和噪声更多地表现为宽频特性，且随频域的变化谱值出现多个峰值。

（14）远轨与近轨运行时箱形梁结构各部位噪声辐射的频率范围大致相同。远轨一侧箱形梁结构所辐射的噪声更多地表现为窄频特性，近轨一侧箱形梁结构所辐射的噪声更多地表现为宽频特性，且随频域的变化谱值出现多个峰值。

（15）假定轻轨列车运行时箱形梁结构所辐射的噪声与周围背景噪声是完全不相关的，系统为理想线性系统，计算了箱形梁结构振动与噪声辐射的相干函数，得到了在 48.5Hz，51.5Hz 处，结构振动与噪声有较强的线性相关性的结论，通过降低该频率处的振动响应达到减小结构噪声辐射的目的。

7.2 展望

本书对时速 350km 高铁 32m 箱梁进行了振动特性分析及减振措施比选，以及国内外对轻轨箱形梁结构振动和结构噪声辐射问题的研究还比较少，所以本书的研究也只是出于对大量的实测结果的总结分析阶段，若要对高架轻轨箱形梁结构的振动与噪声辐射的机理有更加深入全面的了解，还需做大量的数值模拟与理论分析工作。

存在的不足及有待进一步研究之处总结如下：

（1）建立更为完善合理的箱梁模型，是今后进一步研究的基础。

（2）高铁箱梁结构的建设与发展，更多不同跨度、截面形式及速度更快的高铁的出现对结构的振动问题会带来新的影响，需进一步研究。

（3）高铁箱梁腔室数量、位置、尺寸大小的变化均会对结构振动产生影响，尤其对多腔室箱梁需进一步的研究。

（4）梁体加劲肋数量、材料、截面形式及布置的具体细部位置对箱梁振动的影响可进行进一步的分析研究。

（5）本书未考虑到箱梁板厚、壁厚以及剪刀撑等对箱梁振动的影响，需进一步修改模型参数，建立新的高铁箱梁模型进行模拟分析，找到更为有效的结构设计减振措施。

（6）关于箱形梁结构形式对噪声辐射的影响本书未做深入的研究工作，今后需要对不同结构形式的箱形梁（比如：加肋、开洞、改变箱形梁壁厚等措施）的噪声辐射做数值模拟或模型试验，找到影响箱形梁结构噪声辐射的因素。

（7）由于箱形梁结构各个部位的辐射声功率是不同的，当轻轨列车运行时，如何使箱形梁结构各个部位辐射的噪声集中在较小的辐射声功率的频率范围内是今后需要研究的问题。

（8）本书对噪声与振动的相干性分析是建立在周围背景噪声与结构辐射噪声完全不相关、系统为理想的线性系统的基础上的。而实际情况并非是这种理想情况，因此在今后的研究中应当考虑系统的非线性问题，周围背景噪声与结构辐射噪声是否完全不相关。

（9）国外一些城市的轻轨高架桥梁采用 T 形截面形式，桥梁结构采用哪种截面形式能有效地降低高架桥梁所辐射的低频噪声，也是今后需要研究的一个问题。

附录1

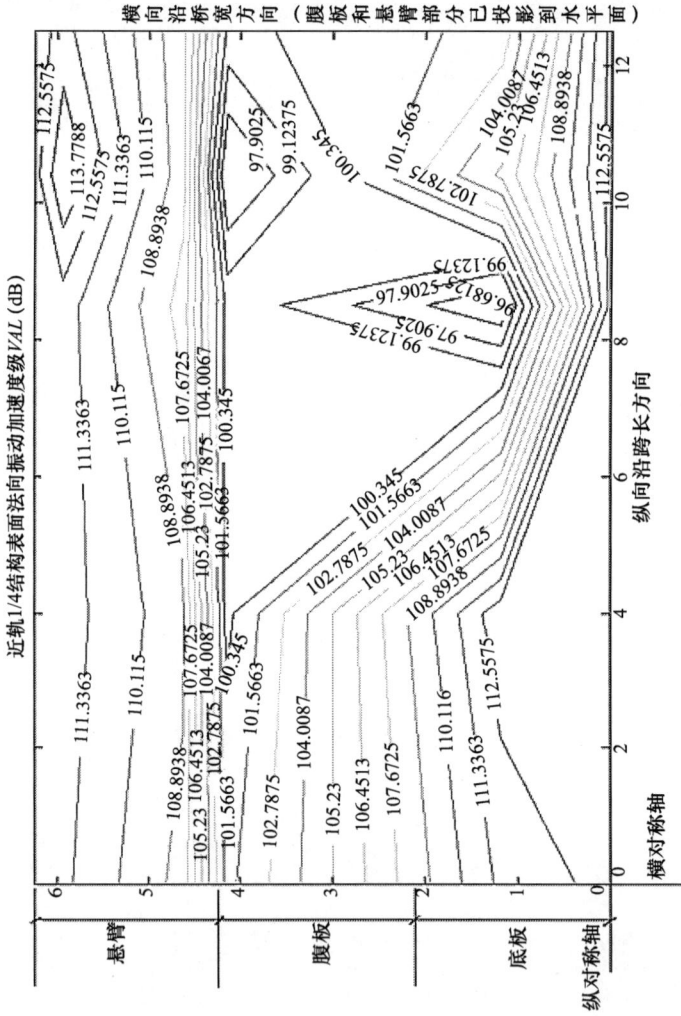

附图 1-1

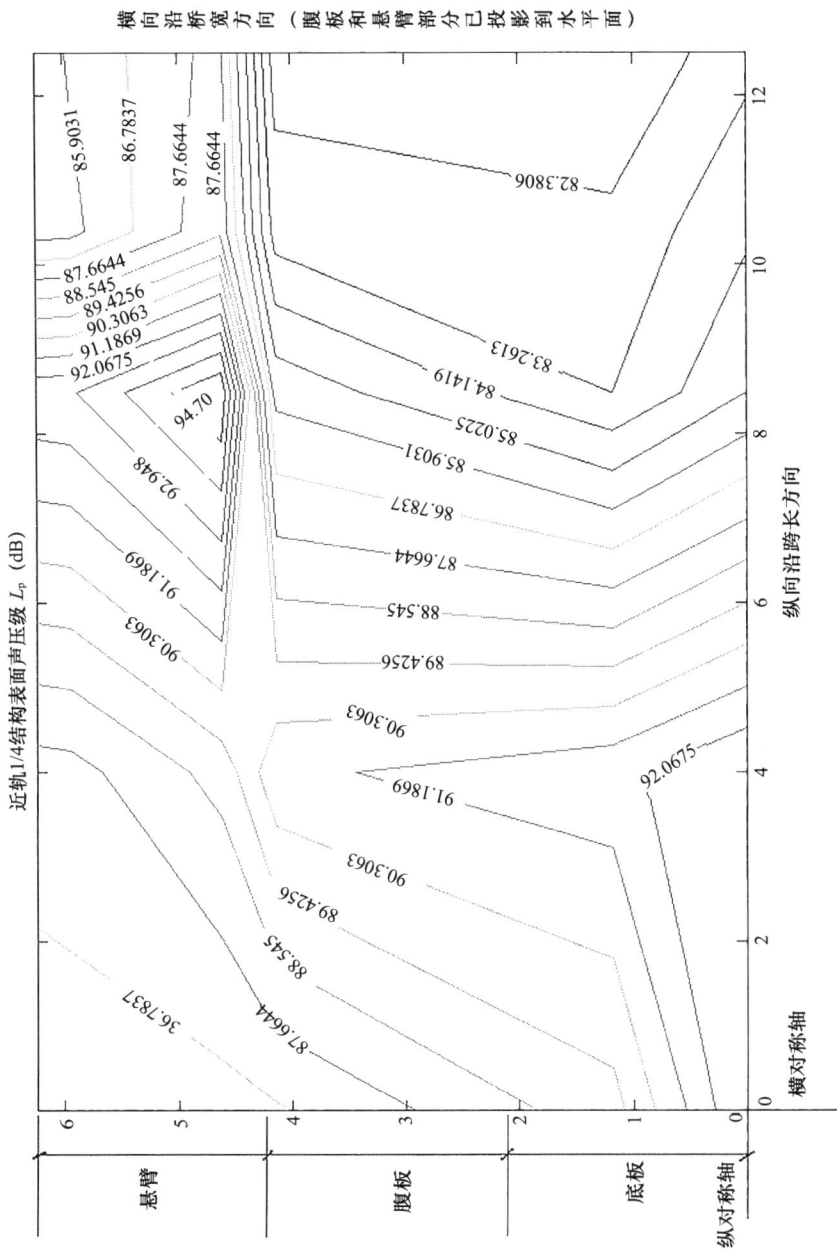

横向沿桥宽方向（腹板和悬臂部分已投影到水平面）

近轨1/4结构表面声压级 L_p （dB）

85.9031
86.7837
87.6644
87.6644

87.6644
88.545
89.4256
90.3063
91.1869
92.0675

94.70

92.948

91.1869

90.3063

82.3806

83.2613
84.1419
85.0225
85.9031
86.7837
87.6644
88.545
89.4256

90.3063

91.1869

92.0675

90.3063

89.4256

88.545

87.6644

36.7837

纵向沿跨长方向

附图 1-2

6   5   4   3   2   1   0

0   2   4   6   8   10   12

悬臂

腹板

底板

横对称轴

纵对称轴

纵对称轴

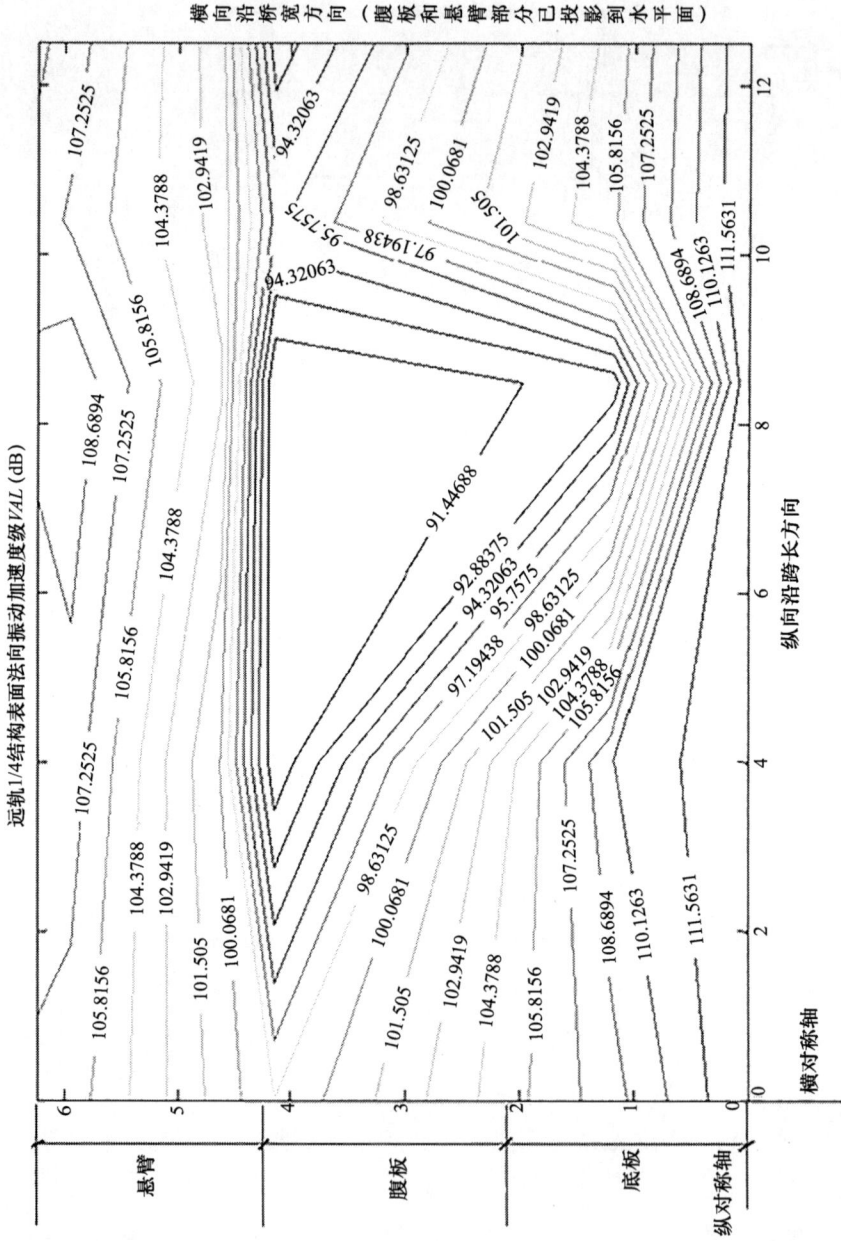

附图 1-3

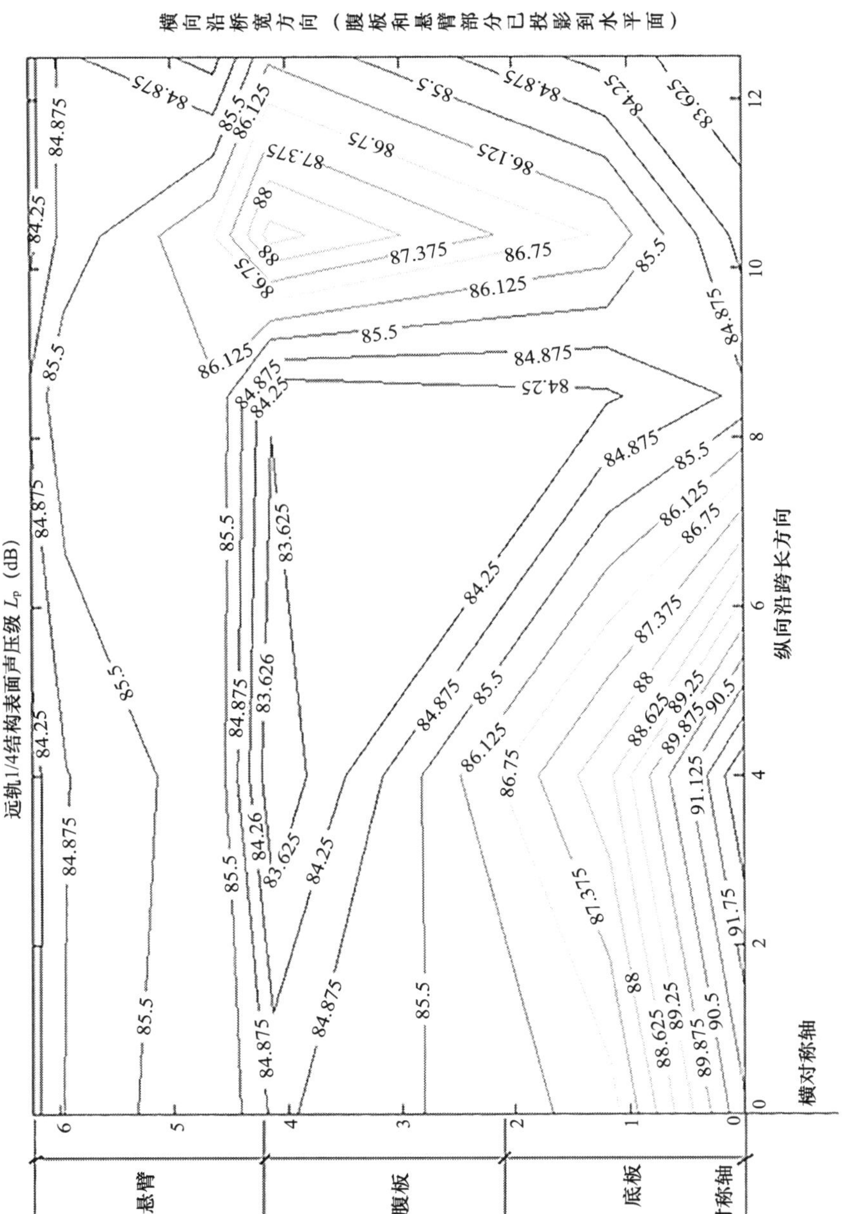

横向沿桥宽方向（腹板和悬臂部分已投影到水平面）

远轨1/4结构表面声压级 L_p （dB）

附图 1-4

横对称轴

纵向沿跨长方向

纵对称轴

悬臂

腹板

底板

附录 2

说明:每一测点有四幅小图,其中第一幅小图为加速度自谱,横轴单位为Hz,纵轴单位为g^2/Hz。第二幅小图为声压自谱,横轴单位为Hz,纵轴单位为Pa^2/Hz。第三幅小图为振动与噪声的相干函数。第四幅小图为相干输出声压自谱,横轴单位为Hz,纵轴单位为Pa^2/Hz。)

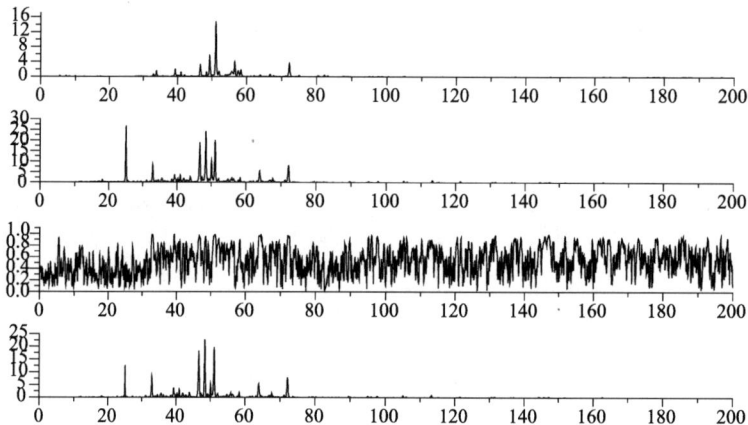

附图 2-1　远轨测点 1

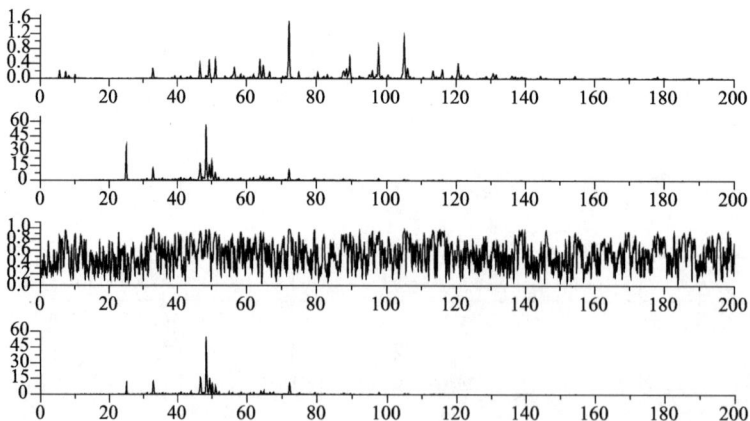

附图 2-2　远轨测点 2

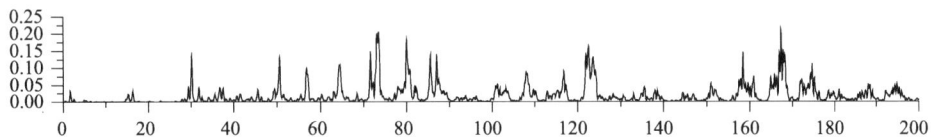

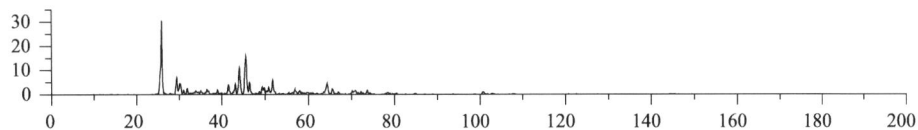

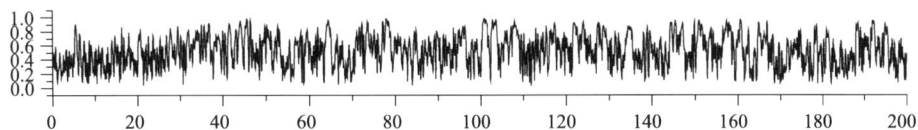

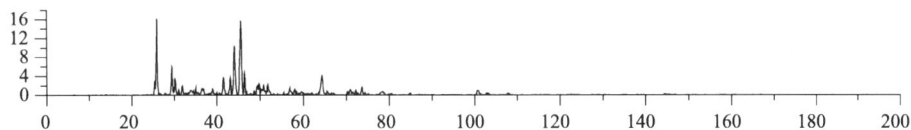

附图 2-3　远轨测点 3

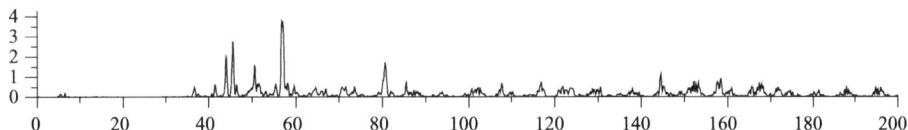

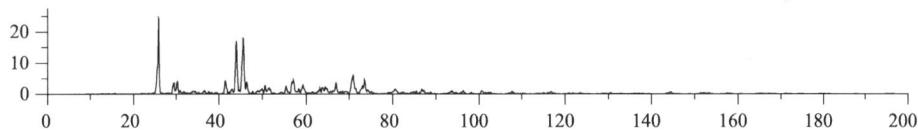

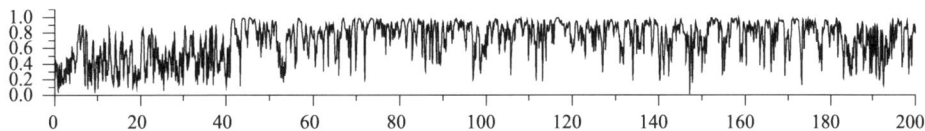

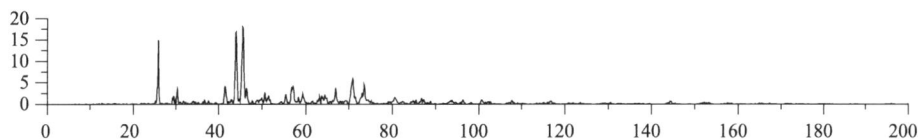

附图 2-4　远轨测点 4

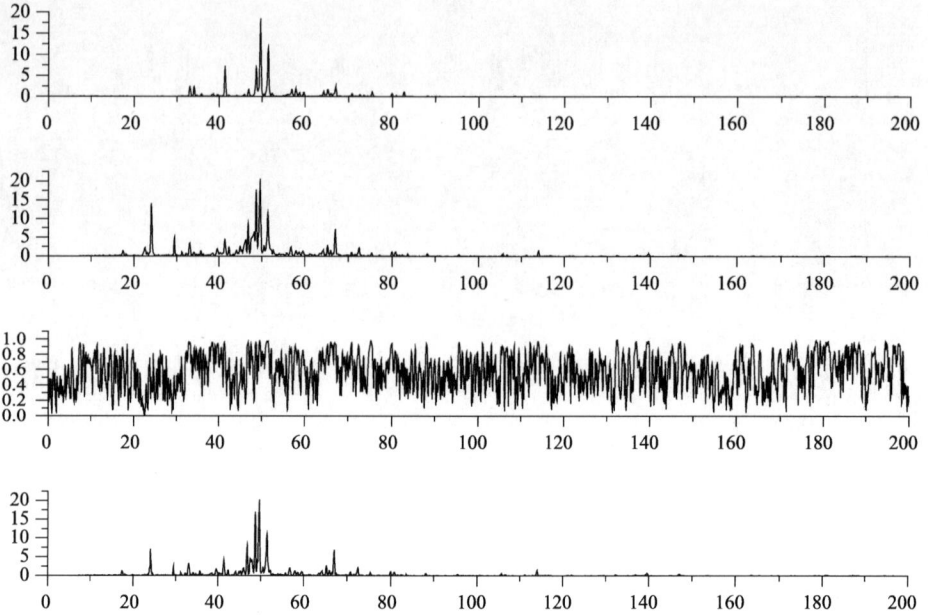

附图 2-5　远轨测点 5

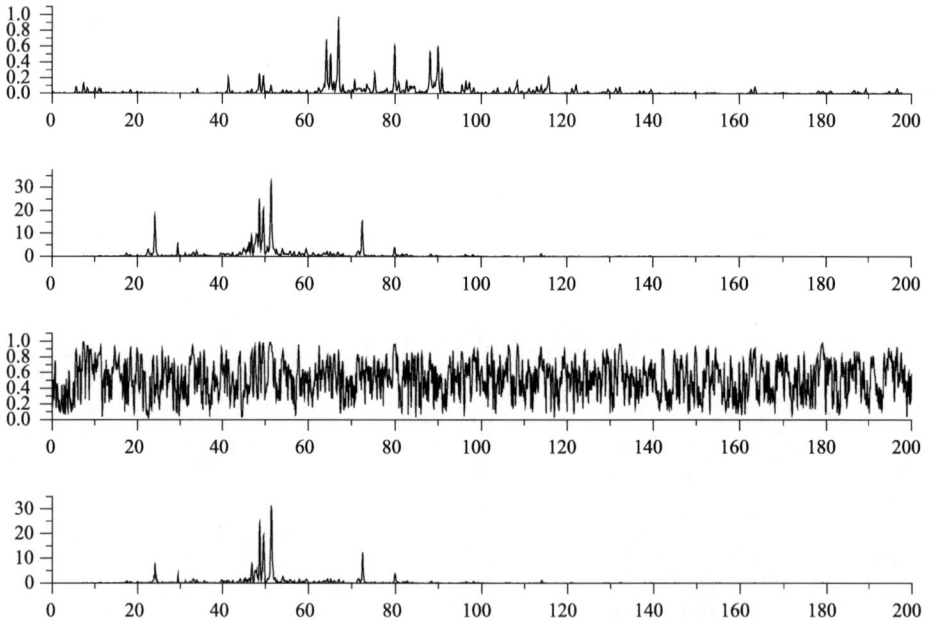

附图 2-6　远轨测点 6

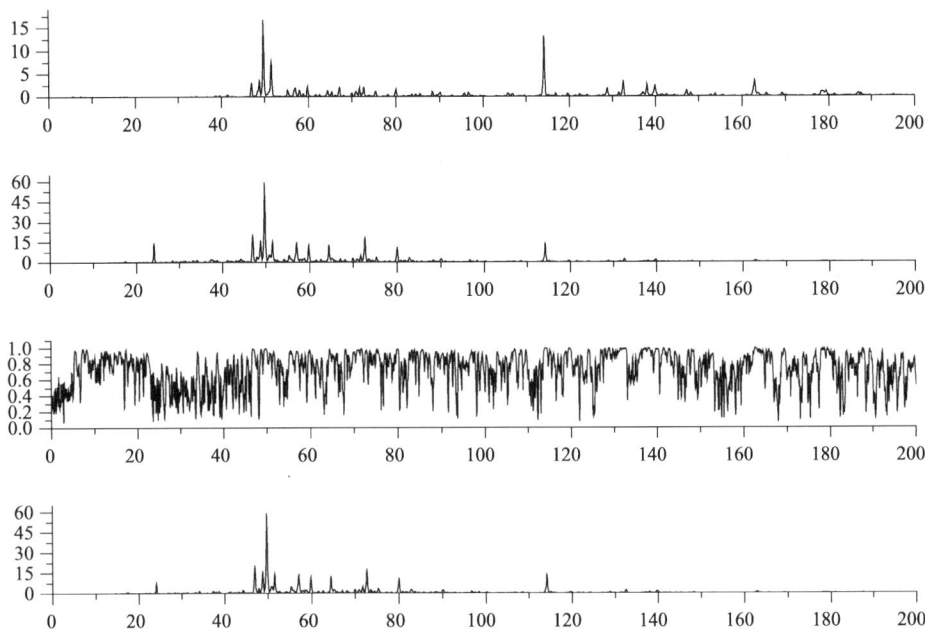

附图 2-7　远轨测点 8

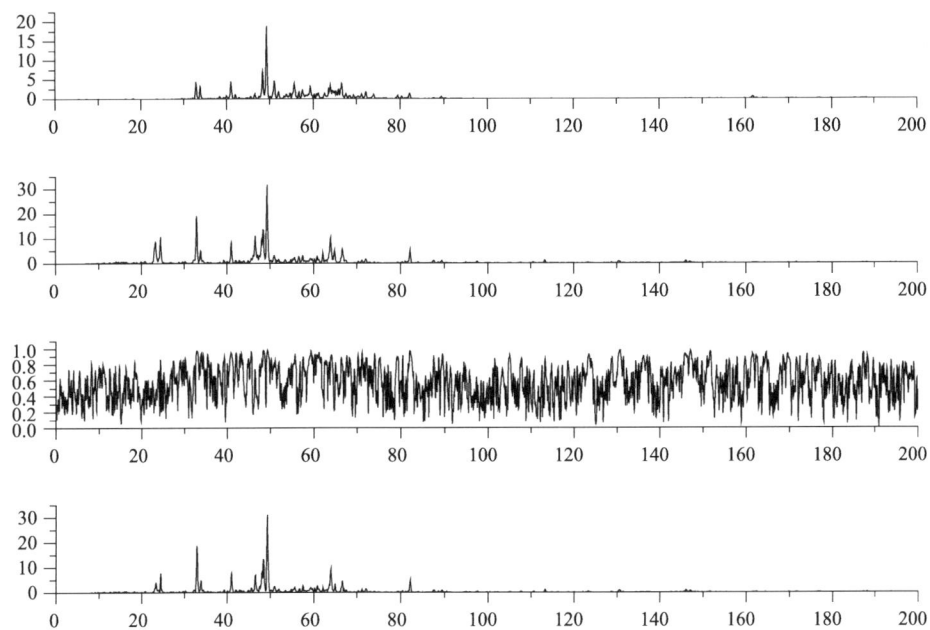

附图 2-8　远轨测点 9

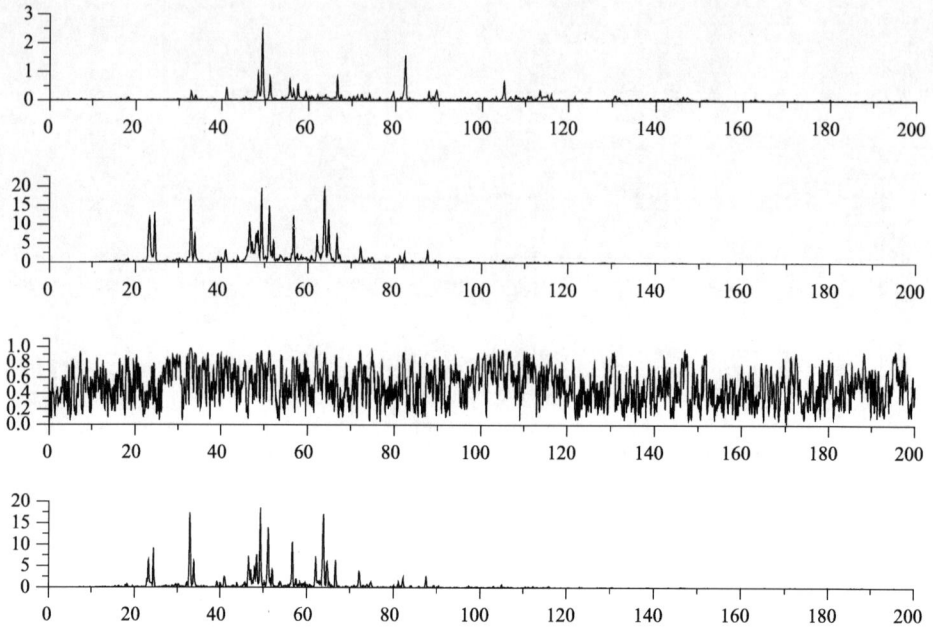

附图2-9　远轨测点10

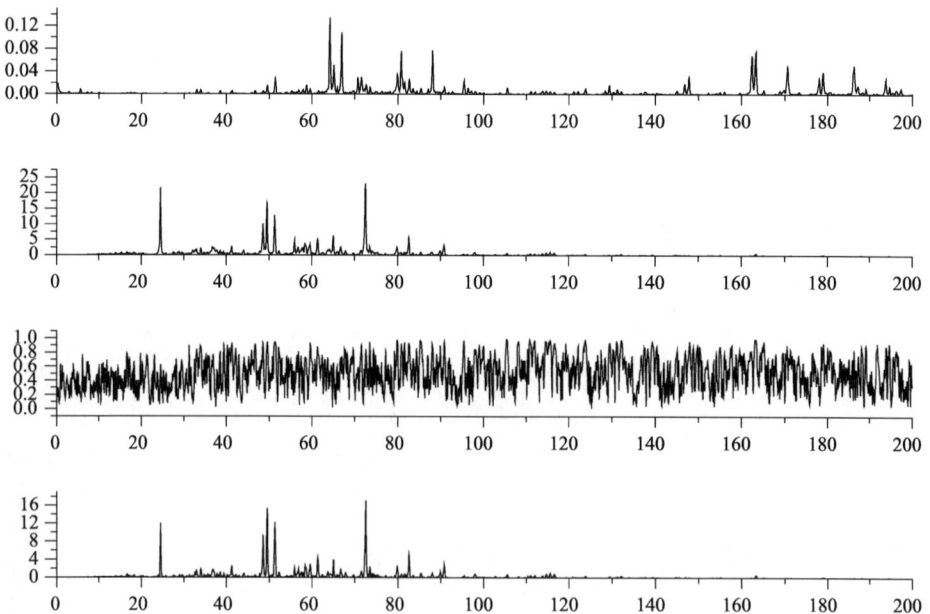

附图2-10　远轨测点12

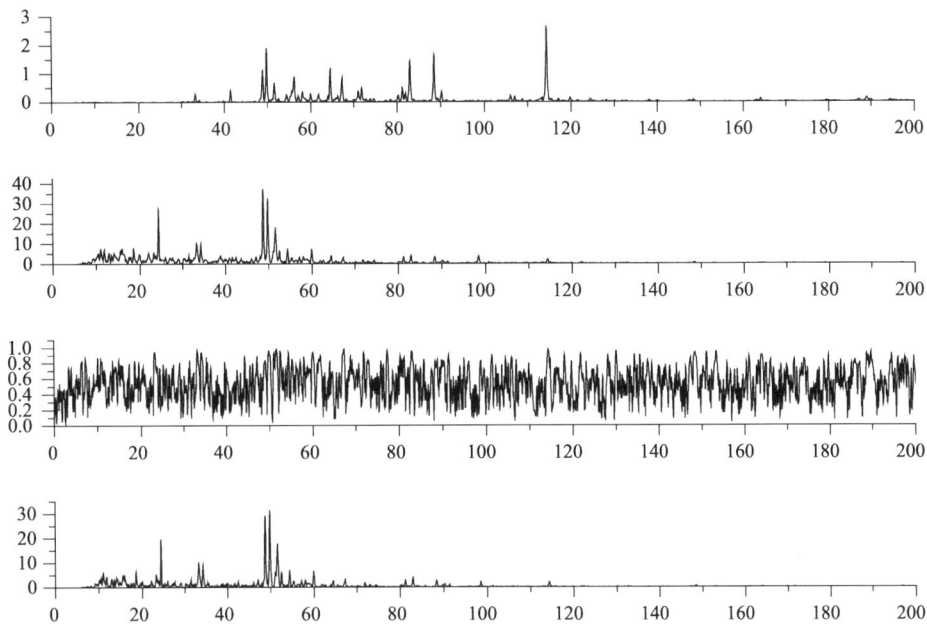

附图 2-11 远轨测点 14

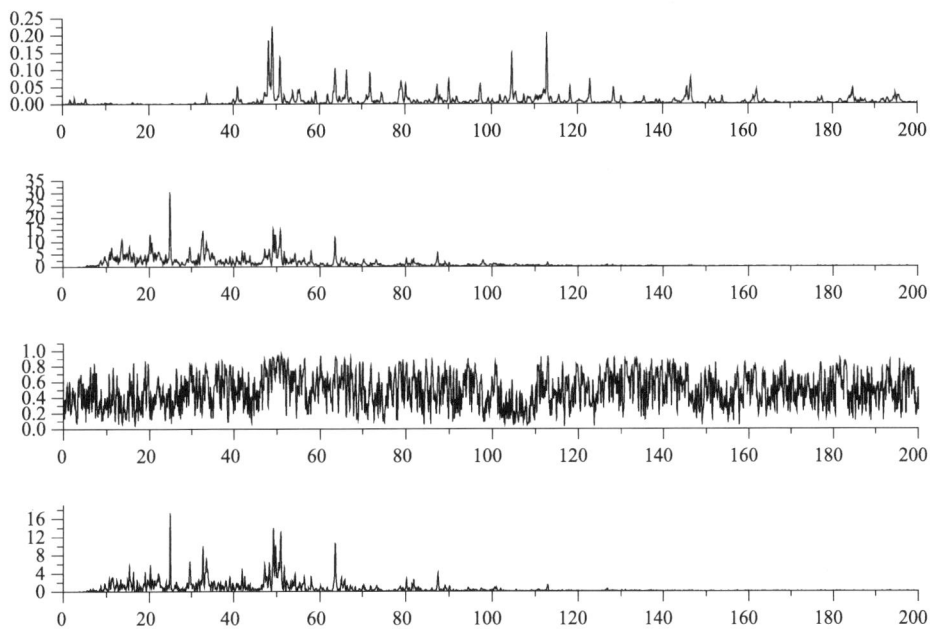

附图 2-12 远轨测点 15

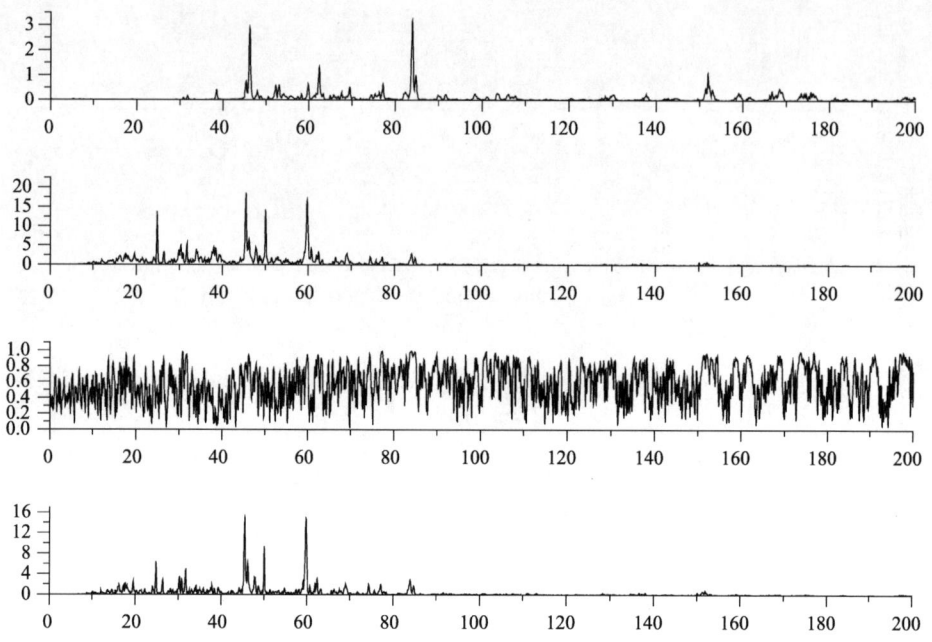

附图 2-13　远轨测点 16

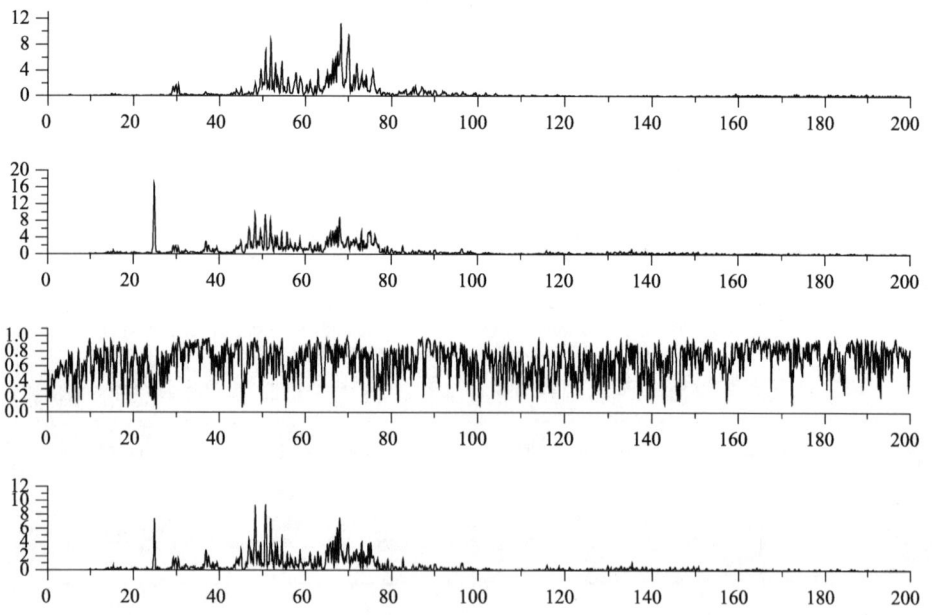

附图 2-14　近轨测点 1

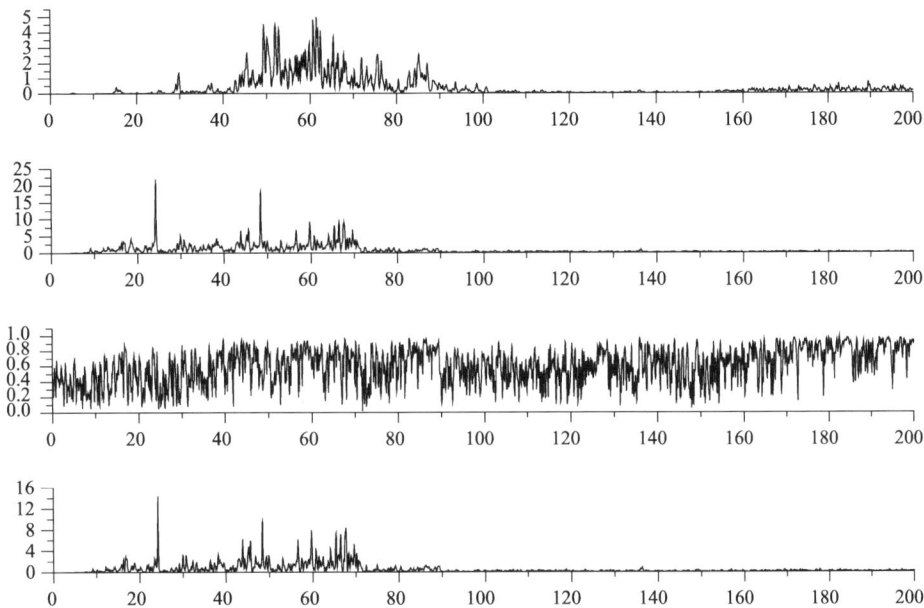

附图 2-15　近轨测点 5

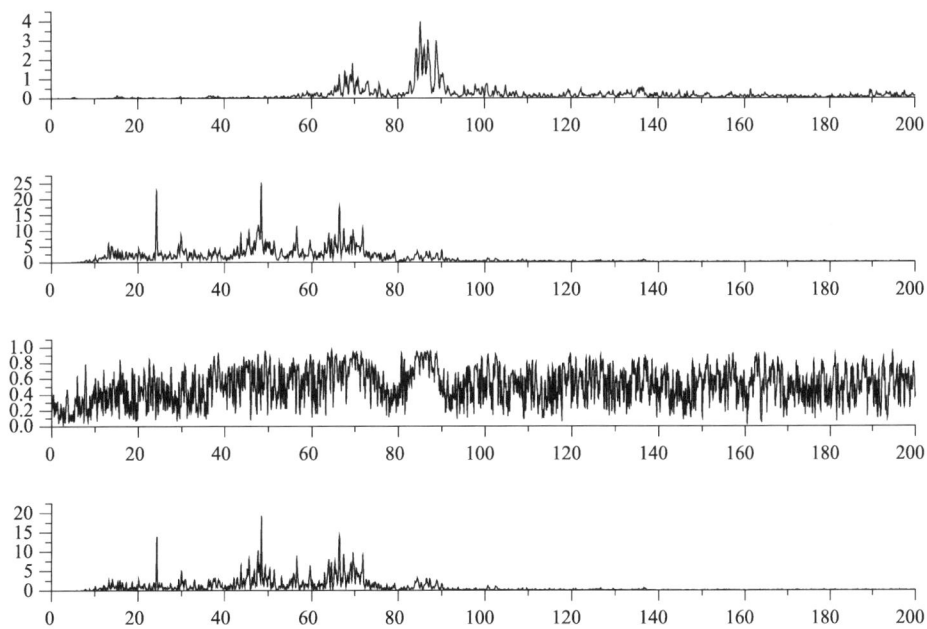

附图 2-16　近轨测点 6

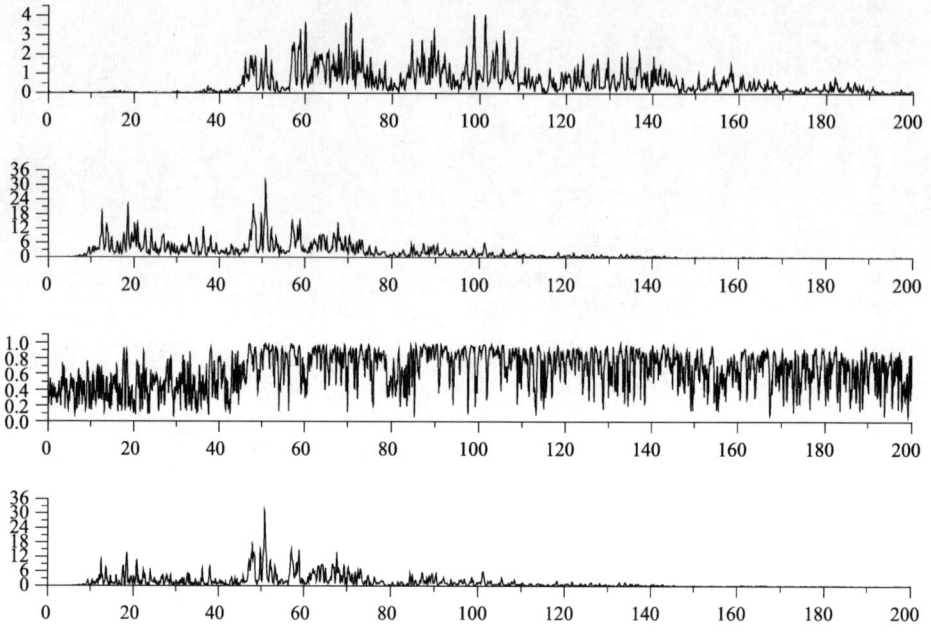

附图 2-17　近轨测点 8

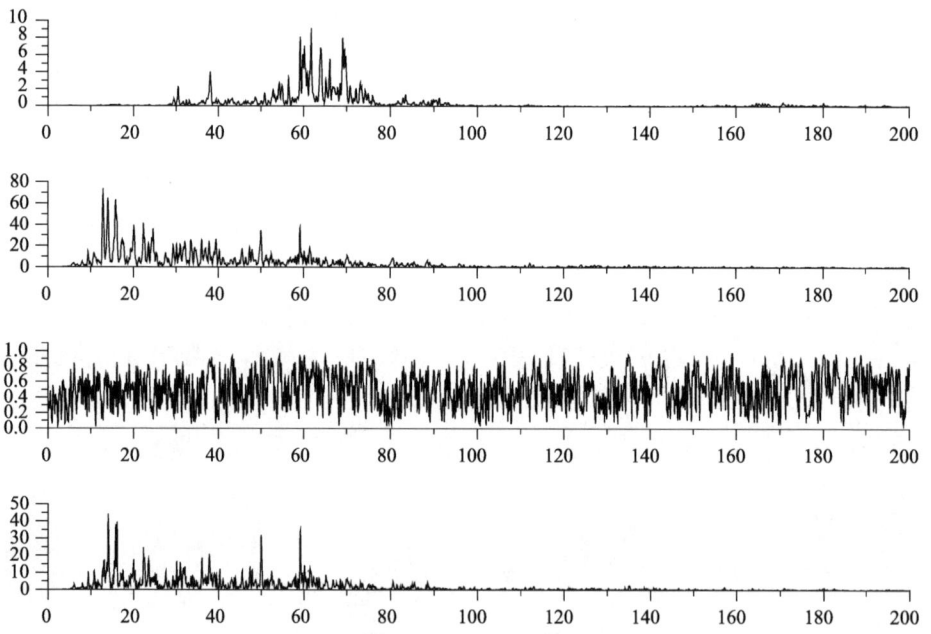

附图 2-18　近轨测点 9

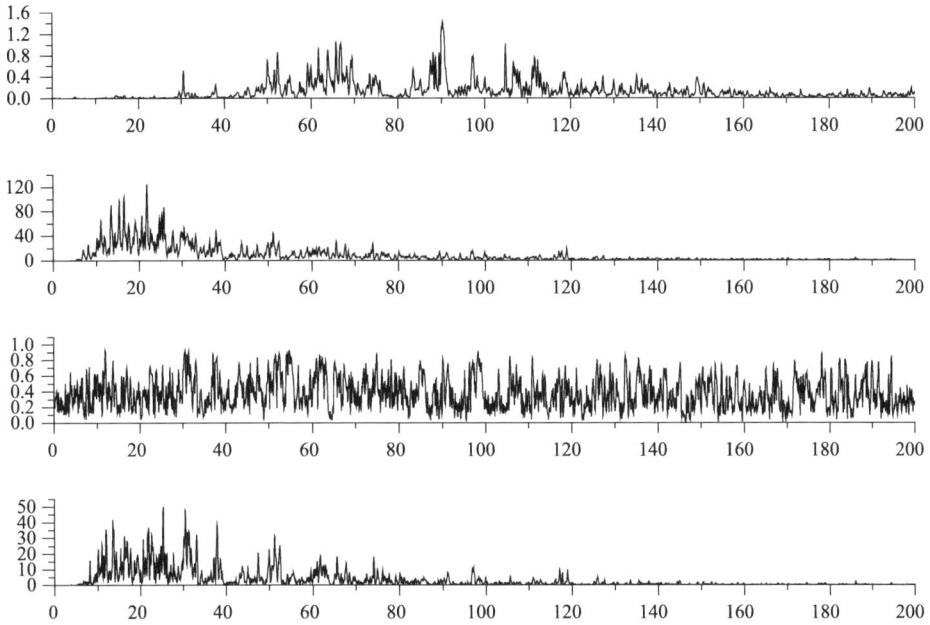

附图 2-19　近轨测点 10

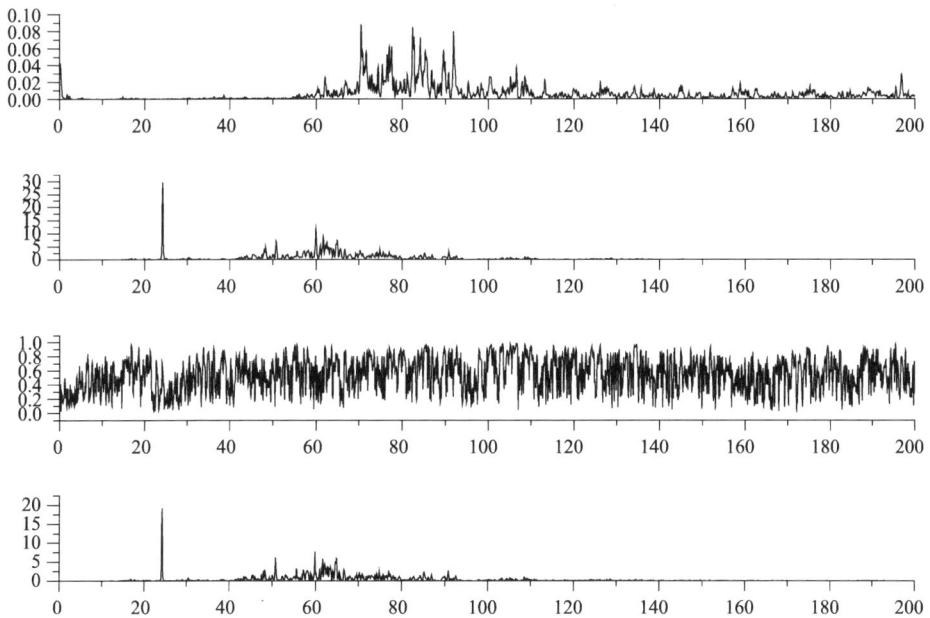

附图 2-20　近轨测点 12

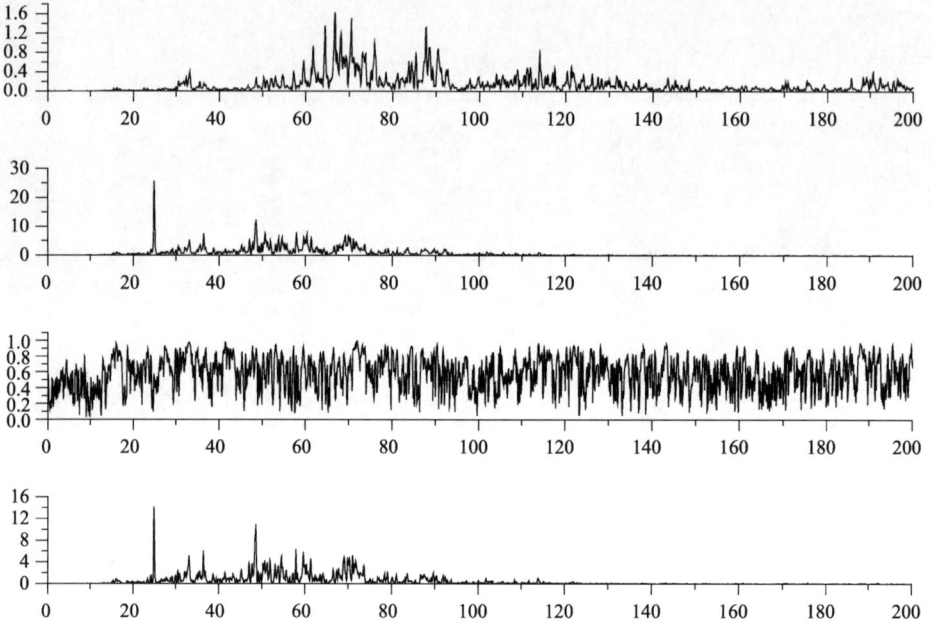

附图 2-21　近轨测点 14

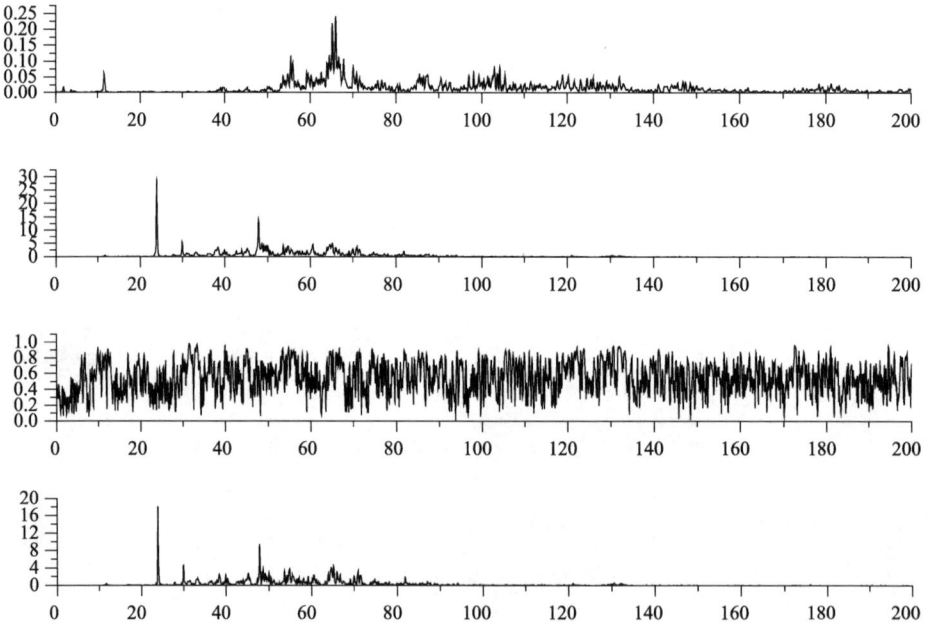

附图 2-22　近轨测点 15

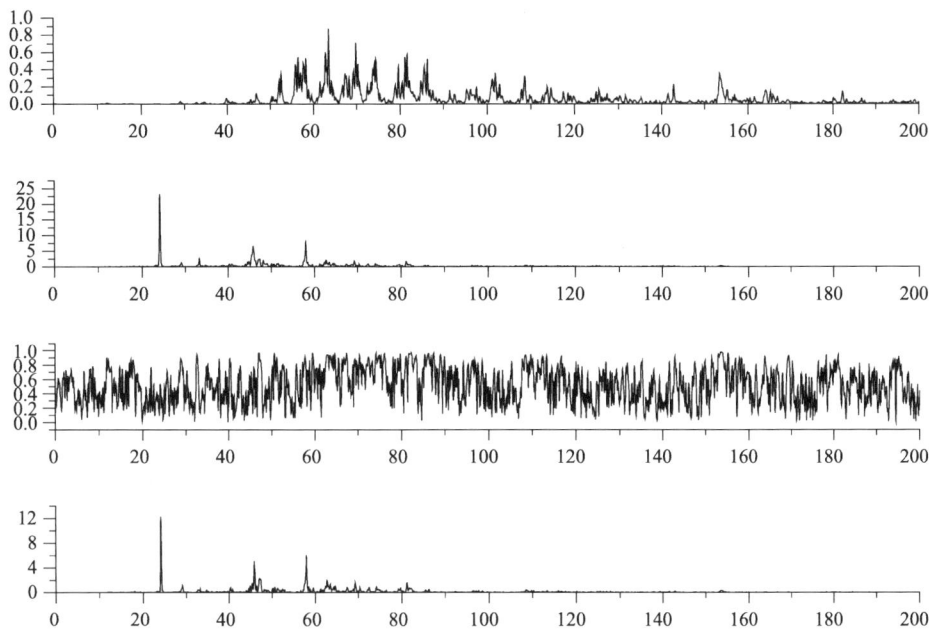

附图 2-23　近轨测点 16

附录 3　主要研究成果

论文 1：高架轻轨箱梁噪声辐射现场实测分析

常亮，邵斌

（南昌航空大学 土木建筑学院 南昌 330063）

摘要： 对武汉轻轨一号线某高架段 25m 跨单箱单室预应力钢筋混凝土简支箱梁噪声辐射进行了现场测试。将采集的噪声信号利用快速傅里叶变换技术通过相干函数进行一定程度的净化，从而获得真实的结构辐射噪声。绘制了箱梁结构表面辐射声压级等值线图。比较分析了综合噪声和结构辐射噪声的 A 声级。分析结果表明：近轨时箱梁结构各部位的辐射噪声明显大于远轨时箱梁结构各部位的辐射噪声。近轨和远轨两种工况下，底板和翼缘的辐射噪声都大于腹板。箱梁各部位的辐射声压级在跨长方向和桥宽度方向上都表现出非单一的变化规律，需结合列车运行工况具体分析。轻轨箱梁结构辐射噪声在 61dB(A) ～ 66dB(A) 之间，实际工程中为了获得真实的结构辐射噪声需将测得的综合噪声减去约 2dB(A)（背景噪声影响）。实测分析结果可让工程技术人员了解箱梁噪声辐射情况，为后期箱梁的降噪设计提供参考依据。

关键词： 轻轨箱梁；结构噪声；现场实测；声压级

Measurement of Noise Radiated from Box Girder of Elevated Light Rail Transit

CHANG Liang, SHAO Bin

(School of Civil Engineering and Architecture, Nanchang Hangkong University, Nanchang, 330063)

Abstract: A field test on the noise radiation of a 25 m span single box and single chamber prestressed reinforced concrete simply supported box girder of Wuhan light rail line 1 was carried out. *Using the Fast Fourier Transform (FFT) technique, the noise signal can be* *purified to some extent by the coherence function so that we can obtain the real structural radiation noise. The contour maps of radiated sound pressure level from the surface of box girder were drawn and the A-weighted sound pressure level of comprehensive noise and structural radiation noise were compared and analyzed.* The results show that when adjacent rail the radiation noise of each part of box girder is significantly larger than that when distant rail. At these two conditions of adjacent rail and distant rail, the radiation noise of bottom plate and flange plate are larger than web. The radiated sound pressure level at diffident part of box girder shows different changing rules along the long span and bridge width, which should be analyzed according to the operating conditions of the train. The radiation noise of light rail box girder is between 61dB (A) to 66dB (A), and 2dB (A) (the influence of background noise) should be deducted from comprehensive noise in order to obtain real structural radiation noise. The analysis of the measurement result can help engineers comprehend the noise radiation from the box girder, and provides a reference for the noise reduction design for the box girder.

Key words: light rail box girder; structural noise; field measurement; sound pressure level

0 引言

城市轻轨系统在世界各大主要城市都很普遍，其在缓解大城市的交通压力上起到至关重要的作用。然而随着轻轨系统的使用率越来越高，由其所引发的轻轨箱梁的结构噪声问题也越来越突出。当列车通过桥梁时，振动能量经过轨道结构传递到桥面及其他桥梁构件，并激发其振动，形成一个"声板"，这部分噪声源称之为"结构噪声"。箱梁振动所产生的结构噪声属于低频噪声的范畴，具有传播距离远、衰减慢、穿透力强等特点。长期处于这种噪声环境中会引起头痛、失眠、耳鸣、胸闷等。

张迅[1]等将列车 - 轨道 - 桥梁耦合振动理论与声辐射分析边界元法相结合，分析了高速铁路 32m 单箱单室和单箱双室箱梁声辐射特性。王子健[2]等以成灌铁路某跨箱梁为研究对象，研究了混凝土箱梁的振动与噪声频谱特性。高飞[3]等采用有限元软件建立了连续梁桥的三维振动分析模型及二维声场分析模型，计算了当列车以某一速度通过时桥梁的动力响应及辐射声压。李小珍[4]等基于相干分析法提出桥梁结构噪声源的识别方法。张鹤[5]等通过建立桥梁振动辐射瞬态噪声的有限元 - 边界元混合求解体系，对瞬态噪声声场特性进行了实验分析和数值模拟。王小宁[6]等利用边界元方法对槽型梁、箱型梁及 T 型梁 3 种截面形式的城轨桥梁的振动噪声辐射进行了分析。程海根[7]等通过建立桥梁振动辐射有限元 - 边界元的求解体系，得出箱梁箱内瞬态噪声的声场特性。石广田[8]等通过 Simpack 软件构建了高速列车 - 轨道耦合动力学模型，并采用间接边界元法对高架箱梁结构进行了声辐射分析。张磊[9]等运用有限元 - 边界元联合仿真技术通过改变桥梁跨径和改变桥梁结构体系，探讨了桥梁跨径对桥梁结构噪声的影响规律，并进行了现场试验验证。张迅[10]等通过建立混合有限元 - 统计能量（FE-SEA）预测模型，并利用现场试验数据进行模型验证，得出预测铁路混凝土箱梁的低频噪声的方法，以及箱梁各板件的声贡献量和振动传递规律。

箱梁是由顶板，翼缘板，腹板和底板组成，当列车运行时箱梁各部位的振动强度和振动的频率范围是有差别的。因此，由各个部位激发引起的结构噪声也是不同的。目前对列车荷载下箱梁振动的现场试验研究中试验方案选取的横截面和布置的测点数量较少，仅选取一个横截面或者仅在同一部位布置测点不能完整真实地反映箱梁实际的噪声情况。因此本文基于前人研究成果的基础上，以武汉轻轨一号线某高架段 25m 跨预应力钢筋混凝土简支箱梁为研究对象，选取 4 个横截面，每个横截面上布置 4 个测点，现场采集记录列车经过箱梁时各测点的辐射声压，研究箱梁各部位的噪声辐射情况。

1　箱梁结构噪声实测

1.1　实测方案

选取武汉轻轨一号线高架段 25m 跨预应力钢筋混凝土单箱单室简支箱梁为研究对象。箱梁跨中截面基本尺寸如图 1 所示。根据箱梁结构的对称性，选取 1/4 结构为测试对象，在 1/4 结构上选取 4 个横截面，如图 2 所示。每个截面上的测点布置如图 1 和图 3 所示，总共 16 个测点。考虑列车是双向行驶的，因此测试分近轨和远轨两种工况，近轨是指双向列车中距离测点较近的一列；远轨是指双向列车中距离测点较远的一列。

使用手持式测速仪，测得列车约以 50km/h 的车速通过该跨箱梁，且该箱梁全长 25m，列车总长度 78.68m，计算后得知列车从驶进到驶离该跨箱梁全程需 7.45s，为保证采集的数据能够记录到列车从驶进到驶离该跨箱梁全过程的振动和噪声信息，因此测试记录时间取 10s。测试时，在列车车头距离梁端 15m 处开始计时，10s 后记录仪自动停止记录，此时列车驶离该跨箱梁。

测试过程中每个测点均布置丹麦 B&K 公司生产的 4507B 型加速度和 4189A21 型噪声传感器。在测试初期选用了 512Hz 和 1024Hz 两种采样频率，通过现场分析发现 512Hz 的采样频率可以完整地保留箱梁振动和噪声的频率成分，因此后期的振动测试和分析均采用 512Hz 的采样频率。

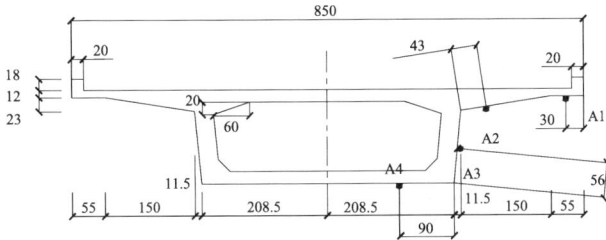

图 1　轻轨 25m 箱梁跨中横断面图及测点布置（单位：cm）

Fig.1 Cross-section of 25m box girder at mid-span and locations of microphone（unit：cm）

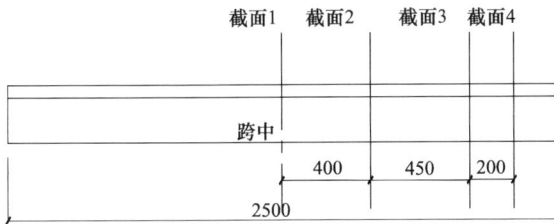

图 2　测试选取的横截面（单位：cm）

Fig.2 Selected cross-section in field test（unit：cm）

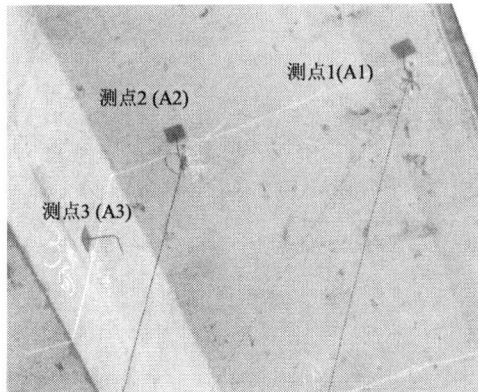

图 3　现场测点布置图

Fig.3 Locations of accelerometers in field test

1.2　数据处理

选取的箱梁位于京汉大道主干线上，尽管 4189A21 型传声器对声传播方向有严格的选择性，但背景噪声仍可通过箱梁表面反射，被传声器接收，因此，采集的结构噪声信号势必混入背景噪声。混有背景噪声的输入输出系统模型如图 4 所示。

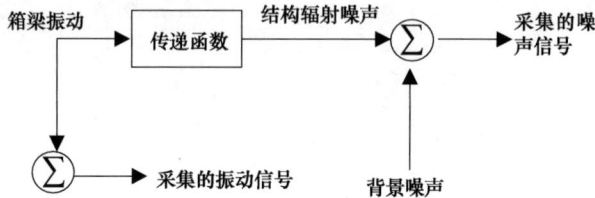

箱梁振动 → 传递函数 → 结构辐射噪声 → Σ → 采集的噪声信号

Σ → 采集的振动信号

背景噪声

图 4　混有背景噪声的输入输出系统模型

Fig.4 IO model mingled by background noise

假设背景噪声与结构噪声完全不相关，于是背景噪声与结构噪声互谱等于零。令采集的振动信号和噪声信号自谱分别为 $G_{xx}(f)$ 和 $G_{yy}(f)$，两者的互谱为 $G_{xy}(f)$，则[11]：

$$
\begin{aligned}
G_{xx}(f) &= G_{vv}(f) \\
G_{yy}(f) &= G_{nn}(f) + G_{bb}(f) \\
G_{xy}(f) &= G_{vn}(f)
\end{aligned}
\tag{1}
$$

其中，$G_{vv}(f)$ 为箱梁振动自谱，$G_{nn}(f)$ 为结构辐射噪声自谱，$G_{bb}(f)$ 为背景噪声自谱，则相干系数为

$$
\gamma_{xy}^2(f) = \frac{\left| G_{xy}(f) \right|^2}{G_{xx}(f) G_{yy}(f)}
\tag{2}
$$

将式（1）带入式（2），整理后可得

$$
\gamma_{xy}^2(f) = \frac{G_{nn}(f)}{G_{nn}(f) + G_{bb}(f)} \leqslant 1
\tag{3}
$$

因此，结构辐射噪声谱 $G_{nn}(f)$ 表达为

$$
G_{nn}(f) = \gamma_{xy}^2 [G_{nn}(f) + G_{bb}(f)] = \gamma_{xy}^2 G_{yy}(f)
\tag{4}
$$

从式（4）可知，采集的噪声信号利用快速傅里叶变换技术可通过相干函数进行一定程度的净化，从而获得真实的结构辐射噪声。

2 实测结果分析

4189A21 型传声器记录的是声压数据，将其转换为声压级，描述箱梁结构表面噪声辐射情况。《环境影响评价技术导则 声环境》[12] 中声压级定义为有效声压与基准声压之比的常用对数的 20 倍，即

$$L_{\mathrm{p}} = 20 \lg \frac{p}{p_0} \tag{5}$$

式中 L_{p} 为声压级 (dB)；p 为有效声压 (Pa)；p_0 为参考声压，取 $2 \times 10^{-5} \mathrm{Pa}$。

由式（5）计算出近轨和远轨两种工况时各测点的声压级后，利用数据处理软件 Matlab 等值线图功能，画出两种工况下 1/4 箱梁结构表面声压级等值线图，分别如图 5 和图 6 所示。翼板和腹板已投放到与底板同一平面上。

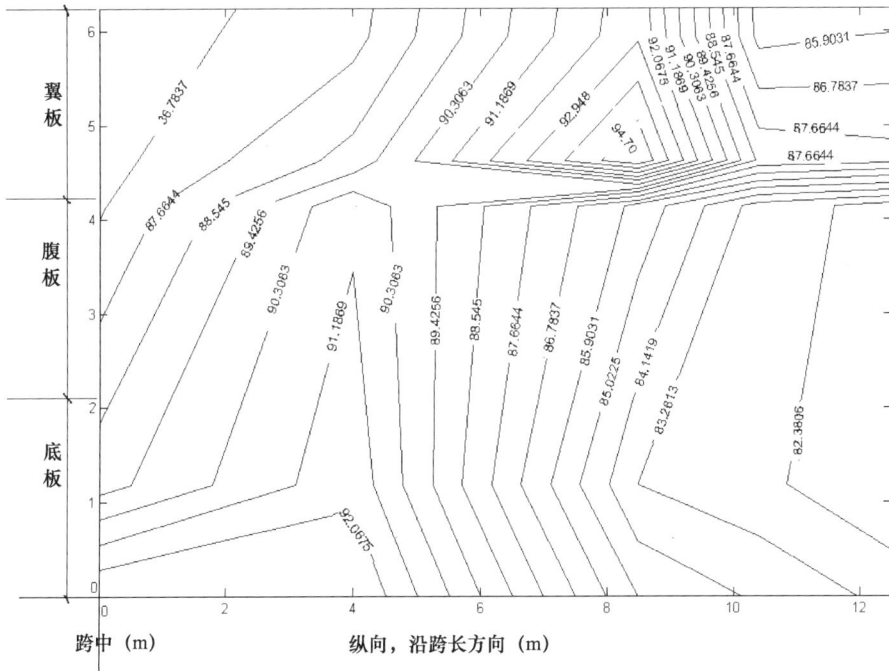

图 5 近轨时不同部位声压级等值线图（单位：dB）

Fig.5 Contour map of sound pressure at different positions in adjacent rail (unit: dB)

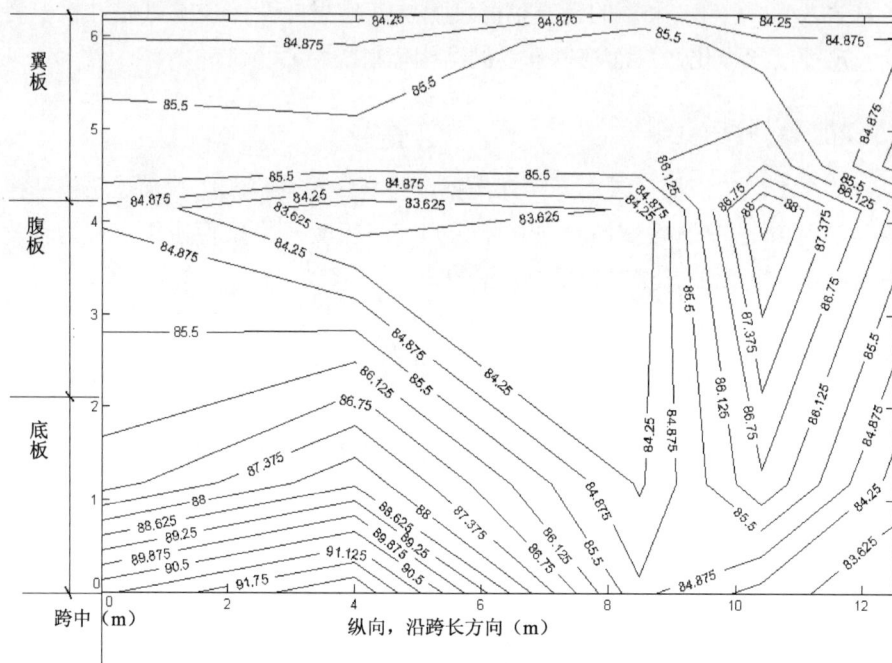

图 6　远轨时不同部位声压级等值线图（单位：dB）

Fig.6 Contour map of sound pressure at different positions in distant rail (unit: dB)

由图 5 可知，近轨工况下，沿跨长方向：翼缘板的辐射噪声总体表现出先增大后减小的特点。具体表现为在距离跨中 0 ～ 8m 的范围内辐射噪声缓缓增大，在 8 ～ 12m 的范围内急剧减小；腹板和底板的辐射噪声总体变化趋势与翼缘板的变化趋势相同，也都是表现出先增大后减小的特点。但腹板和底板的辐射噪声变化趋势具体表现为在距离跨中 0 ～ 4m 的范围内急剧增大，在 4 ～ 12m 的范围内缓慢减小。沿箱梁的宽度方向：翼缘板从上梗腋到悬臂端的辐射噪声略有减小；腹板和底板在距跨中 0 ～ 4m 范围内从上梗腋到底板纵向中心线的辐射噪声逐渐增大，在 4 ～ 12m 范围内基本保持不变。

由图 6 可知，远轨工况下，沿跨长方向：翼缘板的辐射噪声大小基本无变化；但腹板和底板的辐射噪声变化情况比较复杂，具体表现为在距离跨中 0 ～ 8m 的范围内腹板辐射噪声略有减小，其中在 4 ～ 8m 的范围内辐射噪声大小基本保持不变，在 8 ～ 12m 的范围内先增大后减小；底板的辐射噪声在 0 ～ 4m 的范围内略有增大，在 4 ～ 12m 的范围内慢慢减小。沿箱梁的宽度方向：翼缘板从上梗腋到悬臂端的辐射噪声略有减小；腹板和底板在距跨中 0 ～ 9m 的范围内从上梗腋到底板纵向中心线的辐射噪声在逐渐增大，在 9 ～ 12m 的范围内逐渐减小。

对比图 5 和图 6 可知，近轨时箱梁结构各部位的辐射噪声明显大于远轨时箱梁结构各部位的辐射噪声。近轨和远轨两种工况下，底板和翼缘的辐射噪声都大于腹板。

尽管 A 计权低估了低频噪声的影响，但 A 声级仍是目前噪声评判的主要标准。本次实测传声器记录的声压经过 A 计权后计算得到的 A 声级（综合噪声）和箱梁结构表面辐射 A 声级列于表 1 中。

综合噪声和结构辐射噪声 A 声级　　　　　　　　　表 1

A-weighted noise level on the surface of concrete box girder and comprehensive noise　Table 1

近轨				远轨			
测点	车速（km/h）	综合噪声[dB(A)]	结构辐射噪声[dB(A)]	测点	车速（km/h）	综合噪声[dB(A)]	结构辐射噪声[dB(A)]
1		65.8	64.4	1		61.7	61.4
2		65.4	63.2	2		62.5	61.2
3		66.0	63.2	3		61.3	59.3
4		68.4	66.7	4		64.0	63.4
5		67.1	65.8	5		61.9	60.6
6		67.3	65.1	6		62.6	60.5
7	50	68.4	66.7	7	50	63.7	61.5
8		69.6	68.6	8		66.5	66.1
9		71.8	69.5	9		63.5	61.9
10		77.1	72.0	10		62.7	60.4
11		65.0	63.0	11		62.2	60.4
12		65.8	62.7	12		63.1	60.7
13		65.2	63.3	13		63.8	61.6
14		66.7	64.5	14		65.7	62.3

续表

	近轨				远轨		
测点	车速 （km/h）	综合噪声 [dB(A)]	结构辐 射噪声 [dB(A)]	测点	车速 （km/h）	综合噪声 [dB(A)]	结构辐 射噪声 [dB(A)]
15	50	62.9	61.5	15	50	65.6	62.6
16		63.5	60.1	16		65.3	63.1

从表 1 可知，结构辐射噪声主要分布在 61dB(A) ～ 66dB(A) 之间，相同测点处综合噪声和结构辐射噪声相差约 2dB(A)。实际工程中，为了剔除背景噪声的影响，获得真实的结构辐射噪声，需将测得的综合噪声减去约 2dB(A)。

3　结论

本文通过对 25m 跨轻轨单箱单室预应力混凝土箱梁结构的噪声实测得到以下结论：

（1）近轨时箱梁结构各部位的辐射噪声明显大于远轨时箱梁的结构噪声。近轨和远轨两种工况下，底板和翼缘的辐射噪声都大于腹板。

（2）箱梁各部位的辐射声压级在跨长方向和桥宽度方向上都表现出非单一的变化规律，需结合列车运行工况具体分析。

（3）列车以 50km/h 的速度运行时，轻轨箱梁结构辐射噪声在 61dB(A) ～ 66dB(A) 之间，测得的综合噪声减去约 2dB(A)（背景噪声影响），即为真实的结构辐射噪声。

本文的实测分析结果可使工程技术人员对箱梁噪声辐射情况有基本的了解，为后期箱梁的降噪设计提供参考依据。

参考文献

[1]　张迅 , 李小珍 , 刘德军 , 李亚东 . 高速铁路 32m 简支箱梁声辐射特性研究 [J]. 铁道学报 , 2012, 34(7): 96-102.
　　　ZHANG Xun, LI Xiaozhen, LIU Dejun, LI Ya-dong. Sound radiation characteristics of 32m simply supported concrete box girder applied in high-speed railway[J]. Journal of the China Railway Society, 2012, 34(7): 96-102.

[2]　王子健 , 张迅 , 李小珍 . 铁路混凝土箱梁的振动与噪声频谱特性研究 [J]. 应用力学学报 , 2014, 31(1):

85-90.

WANG Zijian, ZHANG Xun, LI Xiaozhen. Vibration and structure-borne noise spectral characteristics of railway concrete box-girders[J]. Chinese Journal of Applied Mechanics, 2014, 31(1): 85-90.

[3] 高飞，夏禾，曹艳梅，安宁. 城市轨道交通高架结构振动与声辐射研究 [J]. 振动与冲击，2012, 31(4): 72-76.

GAO Fei, XIA He, CAO Yanmei, AN Ning. Vibration and noise influences of elevated structures in urban railway[J]. Journal of Vibration and Shock, 2012, 31(4): 72-76.

[4] 李小珍，刘孝寒，张迅，李亚东. 基于相干分析的高铁简支箱梁结构噪声源识别方法研究 [J]. 工程力学，2014, 31(1): 129-136.

LI Xiaozhen, LIU Xiaohan, ZHANG Xun, LI Yadong. Research on identification of structure-borne noise source of high-speed railway simply-supported box girder based on coherence analysis[J]. Engineering Mechanics, 2014, 31(1): 129-136.

[5] 张鹤，谢旭，山下幹夫. 交通荷载引起的钢箱梁桥振动辐射瞬态噪声评估 [J]. 振动工程学报，2011, 24(3): 221-228.

ZHANG He, XIE Xu, YAMASHITA Mikio. Assessment of sound pressure of transient noise radiated from vehicle-bridge coupling vibration [J]. Journal of Vibration Engineering, 2011, 24(3): 221-228.

[6] 王小宁，张楠，孙奇. 城市轨道桥梁振动及噪声辐射研究 [J]. 铁道建筑，2014, (1): 11-15.

WANG Xiaoning, ZHANG Nan, SUN Qi. Study on vibration and noise radiation of urban railway bridge[J]. Railway Engineering, 2014, (1): 11-15.

[7] 程海根，蒋伟超. 高速列车作用下箱梁桥箱内振动噪声分布研究 [J]. 铁道标准设计，2015, 59(9): 93-97.

CHENG Haigen, JIANG Weichao. Research on distribution of internal vibration noise of box girder bridge under high-speed train[J]. Railway Standard Design, 2015, 59(9): 93-97.

[8] 石广田，杨新文，张小安，杨建近. 高铁板式轨道区段箱梁结构噪声辐射分析 [J]. 噪声与振动控制，2015, 35(1): 160-164.

SHI Guangtian, YANG Xinwen, ZHANG Xiaoan, YANG Jian-jin. Noise radiation analysis of box-girder structure in slab track section of high speed railways[J]. Noise And Vibration Control, 2015, 35(1): 160-164.

[9] 张磊，耿传智. 桥梁跨径对混凝土简支箱梁结构噪声的影响研究 [J]. 现代城市轨道交通，2016, (6): 44-48.

ZHANG Lei, GENG Chuanzhi. Influence of bridge span on structural noise of concrete simply supported box girder[J]. Modern Urban Transit, 2016, (6): 44-48.

[10] 张迅，李健强，李小珍. 混合 FE-SEA 模型预测箱梁低频噪声及试验验证 [J]. 振动工程学报，2016, 29(2): 237-245.

ZHANG Xun, LI Jianqiang, LI Xiaozhen. Hybrid FE-SEA model and test validation for box-girders radiated low-frequency noise[J]. Journal of Vibration Engineering, 2016, 29(2): 237-245.

[11] 何祚镛. 结构振动与声辐射 [M]. 哈尔滨：哈尔滨工程大学出版社，2001.

HE Zuoyong. Structural vibration and acoustic radiation[M]. Harbin: Harbin Engineering University Press, 2001.

[12] 中国环境保护部 . HJ2.4-2009 环境影响评价技术导则声环境 [S]. 北京 : 中国环境科学出版社 , 2010.

Ministry of Environmental Protection of China HJ2.4-2009 Technical guidelines for noise impact assessment[S]. Beijing: China Environmental Science Press, 2010.

本文发表在《声学技术》2018 年 2 月，37 卷第 1 期

论文2：高铁预应力钢筋混凝土简支箱梁减振措施分析

常亮，康乐，赵艳影，邵斌

（南昌航空大学 土木建筑学院，江西 南昌 330063）

摘要： 选取高铁32m跨预应力钢筋混凝土简支箱梁为研究对象，采用数值方法，将模态分析结果与现有实测资料比较，验证模型的合理性，在此基础上分析了箱梁因腔室变化及在结构不同位置设置加劲肋时对箱梁振动的影响。研究结果表明：采用单箱双室结构及在箱梁底板设置纵向加劲肋能明显降低箱梁振动，减振效果明显；设置腹板纵向加劲肋时能够一定程度上减小结构振动，但降幅有限，减振效果不明显；设置底板横向加劲肋、顶板横向加劲肋及腹板横向加劲肋时，均不能显著降低结构振动，不建议作为结构减振措施；设置顶板纵向加劲肋时，结构振动增强，在结构设计中应避免。

关键词： 简支箱梁；高速铁路；振动；减振措施

Field Test and Analysis of Vibration Reduction Measures on Concrete Simply Supported Box Girder

CHANG Liang, KANG Le, ZHAO Yanying, SHAO Bin

(School of Civil Engineering and Architecture, Nanchang Hangkong University, Nanchang, 330063, China)

Abstract: A 32m simply supported pre-stressed reinforced concrete box girder at high speed railway was selected to analyze the influence of changing chambers and setting stiffening ribs on vibration with numerical method. The rationality of the model was validated by modal analysis results compared with observed data of existing. The results showed that the vibration of box girder are decreased heavily if setting longitudinal stiffeners in bottom floor or using double room in a single box; the vibration of box girder can be reduced to a certain extent when setting longitudinal stiffener in the web, but the decreasing amplitude is limited, the effect of vibration reducing is inconspicuous; when setting lateral stiffeners in bottom floor, roof or web, the structural vibration are all can not be significantly reduced by these measures, which are not recommended as design measures for vibration reduction; situation for setting longitudinal stiffeners in roof, the vibration of structure are increased, which should be avoided in structural design.

Key words: simply supported box girder; high speed railway; vibration; vibration reduction measures

0　引言

箱梁凭借其整体性好、刚度大、施工方法多、节省材料、简洁美观等优点在高速铁路中被大量应用。在给人民生活带来便利的同时，列车运行带来的箱梁振动问题也亟须改善。箱梁振动不仅会产生箱梁结构低频噪声，也影响了桥梁的使用寿命和正常工作状态。

对箱梁减振问题的研究，目前集中在桥梁跨度优化[1]、设计参数优化[2]，轮轨接触[3]，轨道类型[4,5]以及阻尼系统的应用[6,7]。研究方法主要有半解析法[8]，数值法[9-11]和现场试验法[12,13]。本文采用数值方法分析高铁 32m 跨预应力钢筋混凝土简支箱梁，因腔室变化及在结构不同位置设置加劲肋时对箱梁振动的影响，并提出合理的减振措施，为高铁箱梁结构的减振设计提供参考依据。

1　箱梁有限元模型建立及参数选择

我国高铁建设中大量采用 32m 跨箱梁。选取时速 350km 高速铁路 32m 箱梁作为研究对象，其梁高为 3.05m，顶宽为 13.4m，底宽为 5.5m，跨中截面其他细部尺寸如图 1。建立高铁 32m 箱梁有限元模型如图 2 所示，材料参数如表 1 所列。

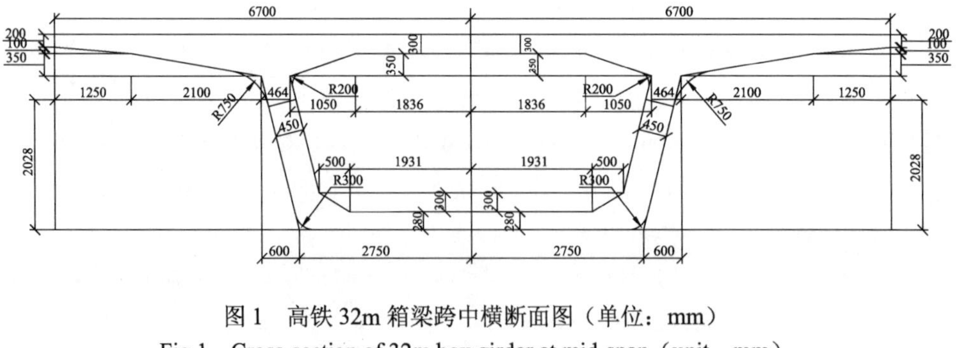

图 1　高铁 32m 箱梁跨中横断面图（单位：mm）
Fig.1　Cross-section of 32m box girder at mid-span（unit：mm）

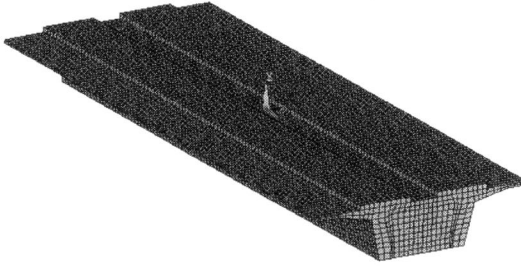

图 2 32m 箱梁有限元模型
Fig. 2 FE model of 32m box girder

梁体材料参数表 表 1
The material parameter table Tab.1

名称	密度（kg·m^{-3}）	弹性模量（MPa）	泊松比
梁体	2600	34.5	0.2
预应力筋	7800	207	0.3
承轨台	2600	33.5	0.167
加劲肋	7850	206	0.35

2 模态分析结果

对箱梁有限元模型进行模态分析，模型前四阶自振频率如表 2 所示。

32m 箱梁前四阶自振频率 表 2
The first four natural frequency of the box beam Tab.2

振型	频率 (Hz)	周期 (s)
1	6.14	0.163
2	13.44	0.074
3	16.94	0.060
4	17.15	0.058

在高速铁路联调联试及综合实验过程中对时速 350km 高铁 32m 无砟轨道箱梁基频进行了统计测试[1]，京沪线、京津线、武广线、郑西线、沪杭线实际测得的梁体基频全部在 6Hz 以上，见表 3。本文建立的箱梁有限元模型基频为 6.143Hz，与一系列高铁箱梁基频实测值吻合，数值模型合理，可进一步对高铁箱梁的振动问题进行分析。

高铁各线路箱梁实测基频值统计　　　　　　　　　　　表 3

Natural frequency of each high-speed rail line　　　Tab.3

高铁线	基频范围 (Hz)	高铁线	基频范围 (Hz)
京沪	6.7~7.1	郑西	6.4 ～ 6.5
京津	6.2 ～ 6.8	沪杭	6.6 ～ 6.8
武广	6.7 ～ 7.2		

3　荷载模拟及加载方式

我国目前具备投入运行 350km/h 的动车组型号为 CRH3，基本结构及设计参数如表 4 所示，具体轮对尺寸与位置如图 3 所示。

CRH3 动车组基本参数表　　　　　　　　　　表 4

Parameters of CRH3　　　　　　　　Tab.4

车型	轴重	运营速度	车厢长度	轴距	转向架中心距
CRH3	15t	350km/h	25m	2.5m	17.375m

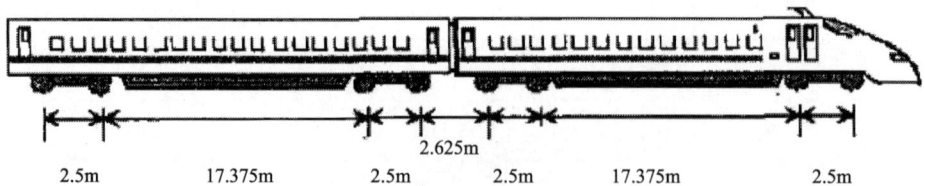

2.625m

2.5m　　　17.375m　　　2.5m　　　2.5m　　　17.375m　　　2.5m

图 3　列车模型示意图

Fig.3　A model for the train CRH3

在分析轨道交通桥梁动力响应时，采用移动荷载模型分析桥梁结构的动力响应具有足够的精度[14]。对于我国高铁建设中大量采用的 32m 跨度箱梁，《高速铁路设计规范》[15] 中规定高铁箱梁基频下限为 3.03Hz，对时速 350km 高铁 32m 箱梁规定基频不小于 4.67Hz 可不进行车桥耦合动力测算。

简支箱梁跨度 32m，单单考虑一列车厢过桥，荷载激励不能涵盖轮对荷载作用于箱梁的全过程，而考虑三列以上车厢，又只是对前两列车厢动力作用的单调重复，不仅对计算结果无更多贡献，还大大增加了计算时间。综上所述，考虑两节车厢动力荷载通过 32m 箱梁就可全面而准确地模拟列车荷载的激励作用及箱梁的动力响应。将列车车轮简化为一集中力 F，因此列车荷载简化为两组具有规定间距的集中荷载列，进行加载计算。

CRH3 动车组列车轴重为 15t，则车轮集中力 F 为 75kN，列车荷载简化如图 4 所示。

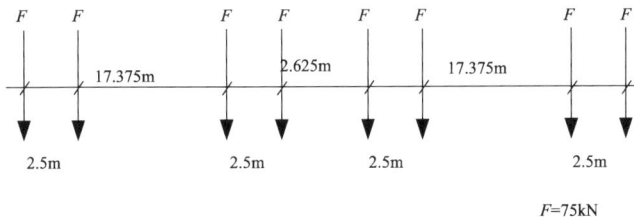

图 4　简化的列车荷载

Fig.4　Simplified train load

4　箱梁结构设计措施对振动的影响分析

以模态分析时的有限元模型为基本模型，在结构材料、荷载、约束条件等保持不变的情况下，采用单箱双室结构及在箱梁顶板、底板、腹板设置钢加劲肋等措施，建立新的有限元模型，分析结构腔室变化、设置加劲肋等措施对箱梁振动的影响，比选减振结果，给出设计建议。单箱双室结构是在基本模型的基础上增加 500mm 厚钢筋混凝土中腹板，其他几种设置加劲肋的措施如图 5 ～图 10 所示。加劲肋全部采用工 32a 型钢。在箱梁跨中截面选取 4 个典型观测点，观测点位置如图 11 所示。

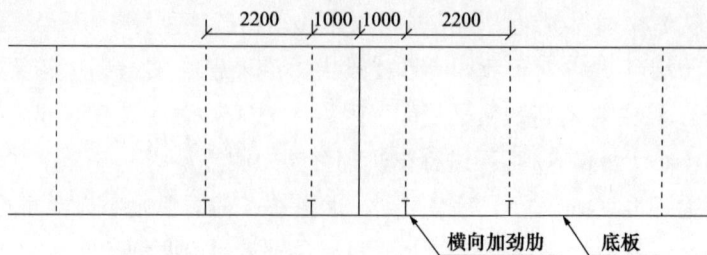

图 5 底板横向加劲肋（单位：mm）

Fig.5 Bottom floor reinforced by transverse stiffeners（unit：mm）

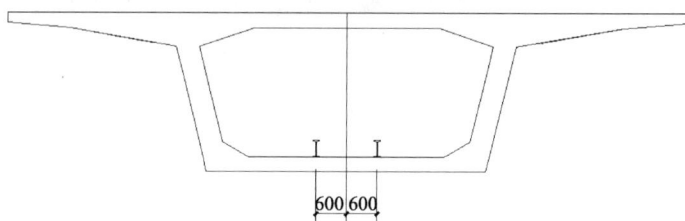

图 6 底板纵向加劲肋（单位：mm）

Fig.6 Bottom floor reinforced by longitudinal stiffeners （unit：mm）

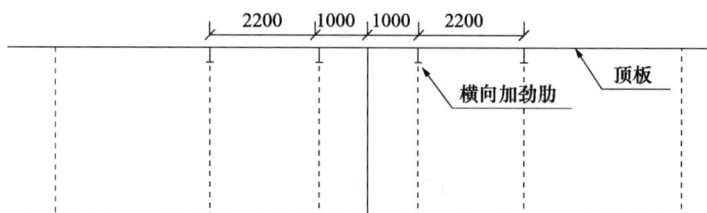

图 7 顶板横向加劲肋（单位：mm）

Fig.7 Roof reinforced by transverse stiffeners（unit：mm）

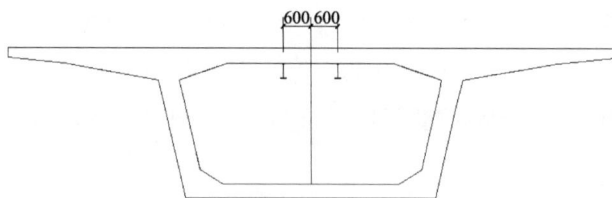

图 8 顶板纵向加劲肋（单位：mm）

Fig.8 Roof reinforced by longitudinal stiffeners（unit：mm）

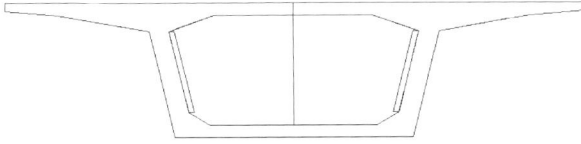

图 9　腹板横向加劲肋（单位：mm）

Fig.9　Web reinforced by transverse stiffeners（unit：mm）

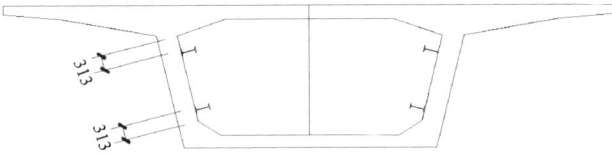

图 10　腹板纵向加劲肋（单位：mm）

Fig.10　Web reinforced by longitudinal stiffeners（unit：mm）

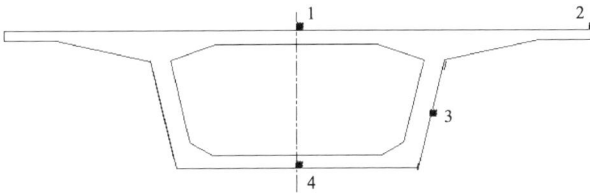

图 11　模型跨中截面观测点位置

Fig.11　Observation points of cross section at mid-span

　　两节时速 350km 列车通过 32m 箱梁需 0.88s，在计算过程中，将列车通过箱梁时间分为 500 个时间节点，共历时 1.643s，前 265 个时间节点模拟列车荷载通过箱梁，共历时 0.88s，后 235 个节点为无荷载作用下箱梁振动衰减过程。图 12 至图 15 分别为单箱单室和单箱双室跨中截面测点 1 到测点 4 的加速度时程曲线。图 16 为单箱单室和单箱双室跨中截面各测点竖向加速度峰值对比图。

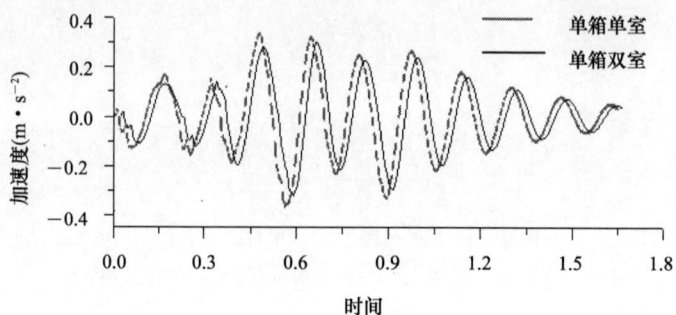

图 12　观测点 1 加速度时程曲线

Fig.12　Acceleration time history curve of observation point 1

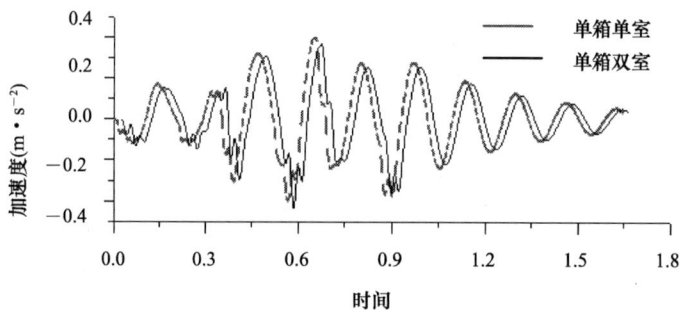

图 13　观测点 2 加速度时程曲线

Fig.13　Acceleration time history curve of observation point 2

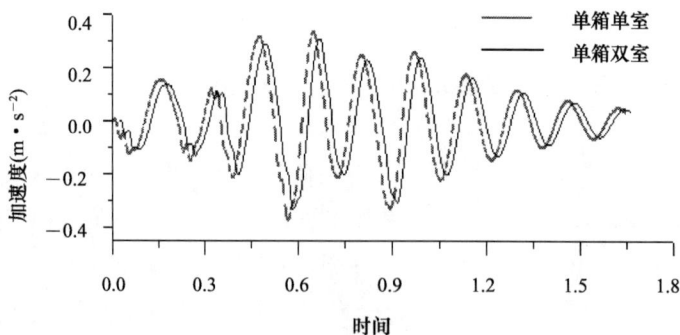

图 14　观测点 3 加速度时程曲线

Fig.14　Acceleration time history curve of observation point 3

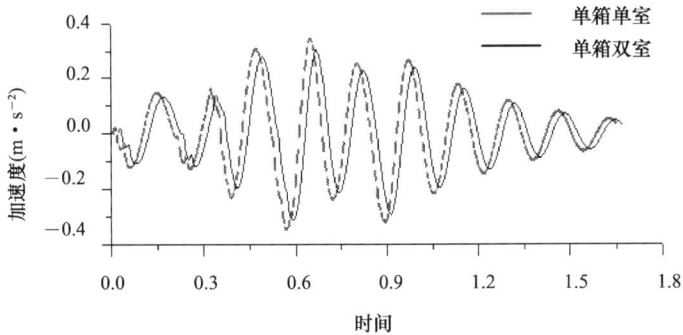

图 15　观测点 4 加速度时程曲线

Fig.15　Acceleration time history curve of observation point 4

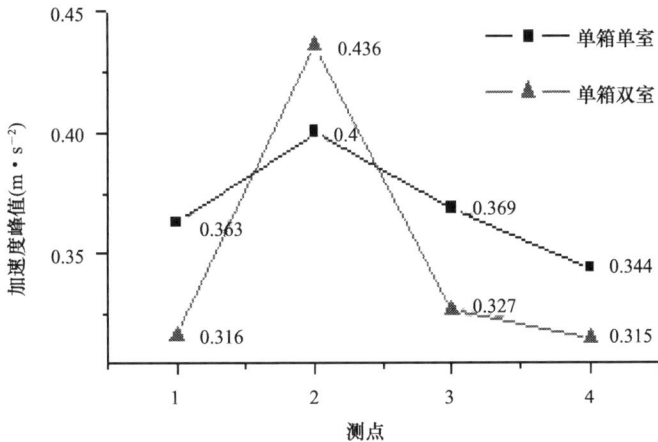

图 16　跨中截面各观测点竖向加速度峰值对比

Fig.16　Contrast of peak acceleration of each point at mid-span

由图 16 可知，单箱双室箱梁跨中截面各测点竖向加速度峰值与单箱单室箱梁相比，1～4 号测点的降低幅度分别为 12.9%、－9%、11.4%、8.4%，翼缘位置有小幅度的增大，其余各位置均有不同幅度的减小，这是因为单箱双室结构的中腹板大大增加了箱梁梁体的纵向刚度，提高了梁体的抗冲击能力，降低了箱梁梁体在荷载作用下的竖向加速度，尤其在截面中线位置，竖向加速度降低幅度最大，底板比顶板的降低幅度略小，腹板位置有一定程度的降低，而中腹板对翼缘位置刚度的贡献很小，使得竖向加速度峰值小幅增大。总体而言，采用单箱双室

141

结构能够显著提高梁体的纵向刚度，降低荷载作用下梁体的竖向加速度，减振效果明显。

设置各种加劲肋后，各测点加速度峰值列于表 5，各测点位移峰值列于表 6。

各加劲肋箱梁跨中截面各观测点加速度峰值 (m·s^{-2}) 表 5
Peak acceleration of each point at mid-span (m·s^{-2}) Tab.5

设计措施	观测点			
	1	2	3	4
单箱单室箱梁	0.363	0.400	0.369	0.344
底板横向加劲肋	0.361	0.395	0.369	0.342
底板纵向加劲肋	0.298	0.316	0.283	0.277
顶板横向加劲肋	0.356	0.420	0.367	0.351
顶板纵向加劲肋	0.400	0.435	0.389	0.355
腹板横向加劲肋	0.358	0.415	0.370	0.352
腹板纵向加劲肋	0.355	0.4	0.357	0.323

各加劲肋箱梁跨中截面各观测点位移峰值 (10s^{-3}m) 表 6
Peak displacement of each point at mid-span (10s^{-3}m) Tab.6

设计措施	观测点			
	1	2	3	4
单箱单室箱梁	0.96	1.04	1.02	0.87
单箱双室箱梁	0.82	1	0.91	0.81
底板横向加劲肋	0.94	1.02	0.99	0.87
底板纵向加劲肋	0.82	1.02	0.93	0.76
顶板横向加劲肋	0.92	1.06	1	0.92
顶板纵向加劲肋	0.94	1.13	1.05	0.94

设计措施	观测点			
	1	2	3	4
腹板横向加劲肋	0.93	1.05	1	0.88
腹板纵向加劲肋	0.88	1.07	0.99	0.82

表 5 中数据表明，与原单箱单室箱梁对比，在箱梁底板跨中设置 4 根横向加劲肋，1～4 号测点竖向加速度峰值减小幅度分别为 0.6%、0.8%、0%、0.6%；在箱梁底板设置 2 根纵向加劲肋，1～4 号测点竖向加速度峰值减小幅度分别为 17.9%、21%、23.3%、19.5%；在箱梁顶板跨中设置 4 根横向加劲肋，1～4 号测点竖向加速度峰值减小幅度分别为 1.9%、−5%、0.5%、−2%；在箱梁顶板设置 2 根纵向加劲肋，1～4 号测点竖向加速度峰值减小幅度分别为 −10.2%、−8.75%、−5.4%、−3.2%；在箱梁跨中两侧腹板各设置 4 根横向加劲肋，1～4 号测点竖向加速度峰值减小幅度分别为 3.1%、−1%、2%、−1.1%；在箱梁跨中两侧腹板对称设置 4 根纵向加劲肋，1～4 号测点竖向加速度峰值减小幅度分别为 2.2%、0%、3.2%、6.1%。

表 6 中数据表明，与原单箱单室箱梁对比，单箱双室箱梁，1～4 节点的降低幅度为分别为 14.9%、4%、10.8%、6.9%，在顶板中线位置，位移峰值下降幅度最大，说明同等条件下采用单箱双室结构能够有效降低箱梁振动幅度；在箱梁底板跨中设置 4 根横向加劲肋，1～4 节点竖向位移峰值减小幅度分别为 2.1%、1.9%、2.9%、0，箱梁振动幅度有微弱减小；在箱梁底板设置 2 根纵向加劲肋，1～4 节点竖向位移峰值减小幅度分别为 14.6%、1.9%、8.8%、12.6%，箱梁振动幅度有较大衰减；在箱梁顶板跨中设置 4 根横向加劲肋，1～4 节点竖向位移峰值减小幅度为 4.2%、−1.9%、2%、−5.7%，在截面翼缘及底板中线位置竖向位移小幅增大；在箱梁顶板设置 2 根纵向加劲肋，1～4 节点竖向位移峰值减小幅度分别为 2.1%、−8.7%、−2.9%、−8.3%，竖向位移峰值均有所增大；在箱梁跨中两侧腹板各设置 4 根横向加劲肋，1～4 节点竖向位移峰值减小幅度分别为 3.1%、−1%、2%、−1.1%，对截面各位置的竖向位移峰值影响不一；在箱梁跨中两侧腹板对称设置 4 根纵向加劲肋，1～4 节点竖向位移峰值减小幅度分别

为 8.3%、—2.9%、2.9%、5.7%，底板及腹板位置竖向位移峰值均有不同程度的减小，翼缘位置有小幅增大。

5　结论

本文通过 32m 跨高铁预应力钢筋混凝土箱梁振动的数值模拟得到以下结论：

1. 单箱双室箱梁，结构竖向位移峰值和竖向加速度峰值均有明显减小，能够有效减小结构在高速列车荷载作用下的振动，是可行的减振措施。

2. 底板设置横向加劲肋，结构竖向位移峰值和竖向加速度峰值均有微弱减小，但可忽略不计，在增加了结构措施及施工复杂性的同时，减振效果不明显，不建议作为结构减振措施。

3. 底板设置纵向加劲肋，结构竖向位移峰值和竖向加速度峰值均明显减小，尤其是竖向加速度峰值减小幅度较大，达到 20% 以上，能够有效减小结构振动，是可行的减振措施。

4. 顶板设置横向加劲肋，结构竖向位移及加速度均在顶板中线及腹板位置有小幅度减小，而翼缘及底板中线位置小幅度增大，无法起到明显的减振作用，不是行之有效的减振措施。

5. 顶板设置纵向加劲肋，结构竖向位移峰值和竖向加速度峰值均有不同程度的增大，在高铁箱梁结构减振设计中应避免。

6. 腹板设置横向加劲肋，结构竖向位移及加速度均在顶板中线及腹板位置有小幅度减小，而翼缘及底板中线位置小幅度增大，无法起到明显的减振作用，不是行之有效的减振措施。

7. 腹板设置纵向加劲肋，结构竖向位移及竖向加速度均有一定程度减小，但降幅有限，减振效果不明显。

参考文献

[1]　胡所亭 , 牛斌 , 柯在田 , 刘晓光 . 高速铁路常用跨度简支箱梁优化研究 [J]. 中国铁道科学 , 2013, 34(1), 15-21.

　　HU Suo-ting, NIU Bin, KE Zai-tian, LIU Xiao-guang. Study on the optimization of standard span length simply supported box girder for high-speed railway[J]. China Railway Science, 2013, 34(1), 15-21.

[2]　[2] 蔡超勋 , 胡所亭 , 柯在田 , 牛斌 . 更高速度条件下铁路简支箱梁关键参数研究 [J]. 铁道标准设计 , 2015, 59(11): 59-63.

　　CAI Chao-Xun, HU Suo-ting, KE Zai-tian, NIU Bin. Research on key parameters of simply supported box beam on higher speed railway[J]. Railway Standard Design, 2015, 59(11): 59-63.

[3]　B. Schulte-Werning, M. Beier, K.G. Degen, D. Stiebel, Research on noise and vibration reduction at DB to improve the environmental friendliness of railway traffic[J]. Journal of Sound and Vibration, 2006, 293(3-5): 1058-1069.

[4]　C.K. Hui, C.F. Ng. The effects of floating slab bending resonances on the vibration isolation of rail viaduct[J]. Applied Acoustics, 2009, 70(6): 830-844.

[5]　李克飞，刘维宁，孙晓静，王占奎，王文斌. 北京地铁 5 号线高架线减振措施现场测试与分析 [J]. 中国铁道科学 , 2009, 30(4): 25-29.
　　LI Ke-fei, LIU Wei-ning, SUN Xiao-jing, WANG Zhan-kui, WANG Wen-bin. In-situ test and analysis elevated on the vibration mitigation measures of the elevated line in beijng metro line 5[J]. China Railway Science, 2009, 30(4): 25-29.

[6]　　郭文华，路萍. TMD 对高速列车通过简支箱梁桥时的振动控制研究 [J]. 振动与冲击 , 2011, 27(11): 42-45, 197.
　　GUO Wen-hua, LIU ping. Vibration suppression for simply supported bridges passed by high-speed trains using tuned mass dampers(tmd)[J]. Journal of Vibration and Shock, 2011, 27(11): 42-45, 197.

[7]　Lin C C, Wand J F, Chen B L. Train-induced vibration control of high-speed railway bridges equipped with multiple tuned mass dampers[J]. Journal of Bridge Engineering, 2005, 10(4): 398-414.

[8]　谢伟平，孙亮明 . 箱形梁声辐射问题的半解析方法 [J]. 武汉理工大学学报 , 2008, 30(12): 165-169.
　　XIE Wei-ping, SUN Liang-ming. Semi-analytical method of acoustic radiation from box beam[J]. Journal of Wuhan University of Technology, 2008, 30(12): 165-169.

[9]　高飞，夏禾，曹艳梅 . 城市轨道交通高架结构振动与噪声辐射研究 [J]. 振动与冲击 , 2012, 31(4): 72-76.
　　Gao Fei, Xia He, CaoYan-mei. Vibration and noise influences of elevated structures in urban railway[J]. Journal of Vibration and Shock, 2012, 31(4): 72-76.

[10]　李奇，吴定俊，邵长宇 . 箱梁悬臂板局部振动特性及其对列车走行性影响 [J]. 中国铁道科学 , 2011, 32(1): 48-54.
　　LI Qi, WU Ding-jun, SHAO Chang-yu. The local vibration of the box girder cantilever plate and its influence on the train running performance[J]. China Railway Science, 2011, 32(1): 48-54.

[11]　张仁巍，韦红亮 . 城市高架轨道箱梁振动特性数值分析 [J]. 重庆交通大学学报 (自然科学版), 2015, 34(3): 12-15-62.

Zhang Ren-wei, Wei Hong-liang. Numerical analysis on vibration characteristics of elevated box girders in urban mass transit[J]. Journal of Chongqing Jiaotong University: Natural Science, 2015, 34(3): 12-15-62.

[12]　K.W. Ngai, C.F. Ng, Structure-borne noise and vibration of concrete box structure and rail viaduct[J]. Journal of Sound and Vibration, 2002, 255(2): 281-297.

[13]　王子健，张迅，李小珍 . 铁路混凝土箱梁的振动与噪声频谱特性研究 [J]. 应用力学学报 , 2014, 31(1): 85-90.

WANG Zi-jian ZHANG Xun LI Xiao-zhen. Vibration and structure-borne noise spectral characteristics of railway concrete box-girders[J]. Chinese Journal of Applied Mechanics, 2014, 31(1): 85-90.

[14] 高传伟 , 唐雅茹 , 余华 . 基于移动荷载过桥的轨道交通桥梁振动研究 [J]. 中国铁道科学 , 2005, 26(2): 73-76.

GAO Chuan-wei, TANG Ya-ru2, YU Hua. Study on the vibration of rail transit bridge based on moving load passing bridge[J]. China Railway Science, 2005, 26(2): 73-76.

[15] TB 10621-2014 高速铁路设计规范 [S]. 北京 : 中国铁道出版社 , 2014.

TB 10621-2014 Code for design of high speed railway[S]. Beijing: China Railway Publishing House, 2014.

本文待发表

论文3：轻轨预应力混凝土简支箱梁振动实测

常亮，董芳明，汤先来

（南昌航空大学 土木建筑学院，江西 南昌 330063）

摘要： 选取武汉轻轨一号线某高架段 25m 跨预应力钢筋混凝土简支箱梁为研究对象，对列车经过桥跨时，箱梁各部位的振动强度和振动频率范围进行了现场测试。绘制了 1/4 箱梁结构表面法向振动加速度级等值线图，利用快速傅里叶变换技术得到各测点振动加速度谱，确定了箱梁各部位具体的振动频率范围。分析结果表明：近轨时箱梁各部位的振动明显大于远轨时箱梁的振动；近轨和远轨两种工况下，底板和翼缘的振动强度都大于腹板，翼缘振动略大于底板；近轨和远轨时各部位振动沿桥宽方向主要表现为单一的变化规律，需结合列车运行工况具体分析。近轨和远轨时箱梁各部位主要振动频率范围均不相同，但都在 200Hz 以下。

关键词： 轻轨；简支箱梁；现场试验；振动

0 引言

箱梁凭借其整体性好、刚度大、施工方法多、节省材料、简洁美观等优点在轻轨高架桥中被大量应用。在给人民生活带来便利的同时，列车运行带来的箱梁振动噪声问题也亟须改善。箱梁振动不仅会产生结构低频噪声，还影响了列车运行的平稳性和乘车的舒适性，也影响了桥梁的使用寿命和正常工作状态。

鉴于箱梁结构的应用范围，国内外对箱梁结构振动问题的研究集中在冲击荷载[1,2]，汽车荷载[3]，列车荷载[4-9]及风荷载[10]。研究方法主要有半解析法[9]，数值法[6-8]和现场试验法[4,5]。谢伟平等[9]采用半解析法研究了列车荷载下箱梁振动和噪声辐射问题。K.W.Ngi 等[4]采用 FFT 算法对高架箱梁结构的振动和噪声测量结果进行分析，研究了箱梁振动和噪声辐射的相关性。王子健等[5]以成灌铁路 32m 跨混凝土简支箱梁为研究对象，开展了箱梁振动与噪声辐射的现场试验研究。高飞等[6]采用有限元法对城市轨道交通高架结构振动与声辐射进行了研究。李奇等[7]运用车桥耦合振动分析方法，研究了列车荷载下箱梁悬臂板的局部振动特性。张仁巍等[8]采用有限元法研究了列车荷载下简支箱梁的振动响应。张迅[11]采用现场试验方法，测试分析了对箱梁在列车荷载作用下的中高频振动响应。宋瑞[12]利用有限元和边界元法分析 40m 箱梁结构动力特性、局部振动，并与 32m 箱梁进行比较分析。

　　箱梁是由顶板，翼缘板，腹板和底板组成，列车荷载下箱梁各部位的振动强度和振动的频率范围是有差别的。目前对列车荷载下箱梁振动的现场试验研究中试验方案选取的横截面和布置的测点数量较少，仅选取一个横截面或者仅在同一部位布置测点不能完整真实地反映箱梁实际的振动情况。因此在前人研究成果的基础上，本文以武汉轻轨一号线某高架段 25m 跨混凝土简支箱梁为研究对象，选取 4 个横截面，每个横截面上布置 4 个测点，现场采集记录列车经过箱梁时各测点的振动加速度，研究箱梁各部位的振动强度和振动的频率范围。分析结果可帮助工程技术人员了解箱梁的振动情况，为后期箱梁的减振设计提供参考依据。

1　箱梁振动实测方案

　　选取武汉轻轨一号线高架段 25m 跨预应力钢筋混凝土单箱单室简支箱梁为研究对象。箱梁跨中截面基本尺寸如图 1 所示。根据箱梁结构的对称性，选取 1/4 结构为测试对象，在 1/4 结构上选取 4 个横截面，如图 2 所示。每个截面上的测点布置如图 1 和图 3 所示，总共 16 个测点。考虑到列车是双向行驶的，因此测试分近轨和远轨两种工况，近轨是指双向列车中距离测点较近的一列；远轨是指双向列车中距离测点较远的一列。

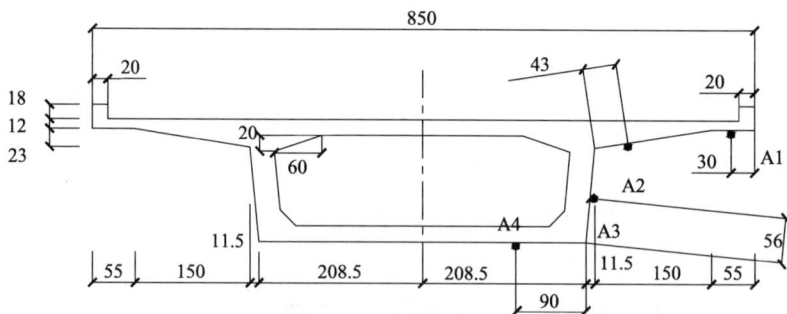

图 1　轻轨 25m 箱梁跨中横断面图及测点布置（单位：cm）

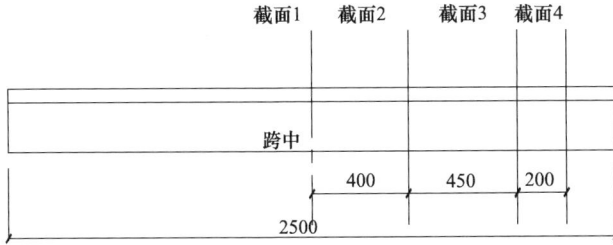

图 2 测试选取的横截面（单位：cm）

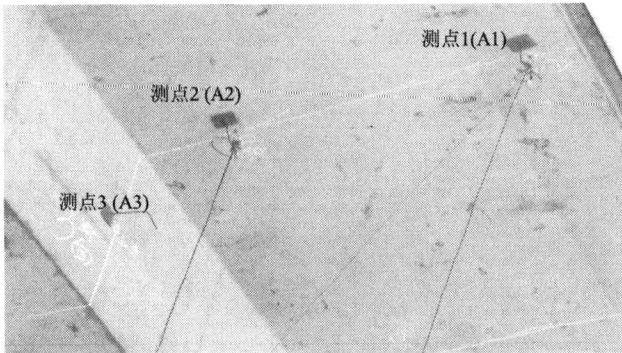

图 3 现场测点布置图

使用手持式测速仪，测得列车约以 50km/h 车速通过该跨箱梁，且该箱梁全长 25m，列车总长度 78.68m，计算后得知列车从驶进到驶离该跨箱梁全程需 7.45s，为保证采集的数据能够记录到列车从驶进到驶离该跨箱梁全过程的振动信息，因此测试记录时间取 10s。测试时，在列车车头距离梁端 15m 处开始计时，10 秒后记录仪自动停止记录，此时列车驶离该跨箱梁。

测试过程中将 B&K 4507B 型加速度传感器粘在箱梁结构表面，采集结构表面法向振动加速度时程。在测试初期选用了 512Hz 和 1024Hz 两种采样频率，通过现场分析发现 512Hz 的采样频率可以完整地保留箱梁振动的主要频率成分，因此后期的振动测试和分析均采用 512Hz 的采样频率。

2 实测结果的时域分析

借鉴我国《机械工业环境保护设计规范》GB 50894—2013 中描述振源强度的计算公式，计算出各测点的振动加速度级（VAL），分析箱梁结构各部位的振动强度。振动加速度级（VAL）按下式计算：

$$VAL = 20\lg\frac{a}{a_0} \tag{1}$$

式中，VAL 为振动加速度级 (dB)；a_0 为基准加速度，取 10^{-6}（m/s^2）；a 为实测振动加速度有 (m/s^2)；

a 有频域和时域两种计算方法，文中采用时域的计算方法，按下式计算：

$$a = \sqrt{\frac{\sum\limits_{i=1}^{n} a_i^2}{n}} \tag{2}$$

式中，n 为采集记录的加速度数据个数；a_i 为第 i 个加速度时程数据 (m/s^2)。

由式（1）和式（2）计算出近轨和远轨两种工况时各测点的振动加速度级后，利用数据处理软件 Matlab 等值线图功能画出两种工况下 1/4 箱梁结构表面法向振动加速度级等值线图分别如图 4 和图 5 所示。翼板和腹板已投放到与底板同一平面上。

由图 4 和图 5 可知：近轨时箱梁结构各部位的振动明显大于远轨时箱梁的振动。近轨和远轨两种工况下，底板和翼缘的振动强度都大于腹板，翼缘板振动略大于底板振动；翼缘板在梁端附近的振动较大，腹板和底板在跨中区域振动较大；腹板在距离跨中 4 ～ 10m 的范围内振动明显变弱；底板在距离跨中 8m 附近局部区域内振动也较弱。

由图 4 可知：近轨时，翼缘板从上梗腋到悬臂端振动有逐渐增大的趋势；腹板和底板从上梗腋到底板纵向中心线振动呈现逐渐增大的趋势，但是在距跨中 8m 附近区域，振动出现先减小再增大的趋势。

由图 5 可知：远轨时，翼缘板从上梗腋到悬臂端振动有逐渐增大的趋势；腹板和底板从上梗腋到底板纵向中心线振动呈现逐渐增大的趋势。

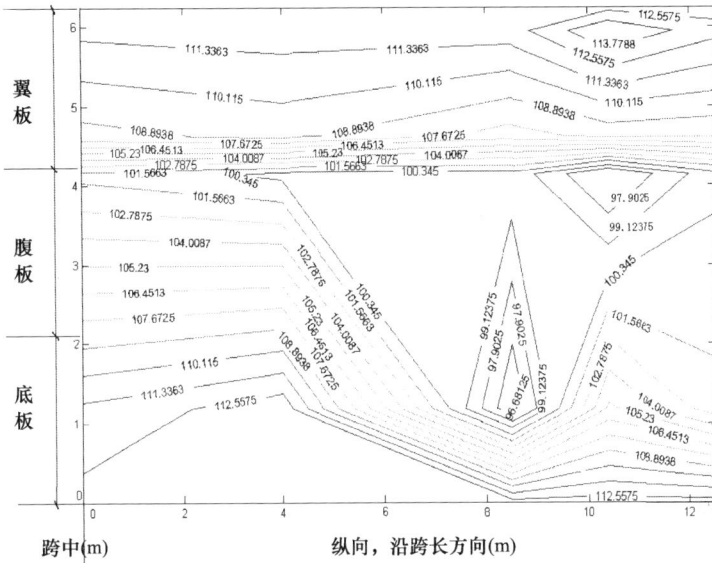

图 4　近轨时振动加速度级等值线图（单位：dB）

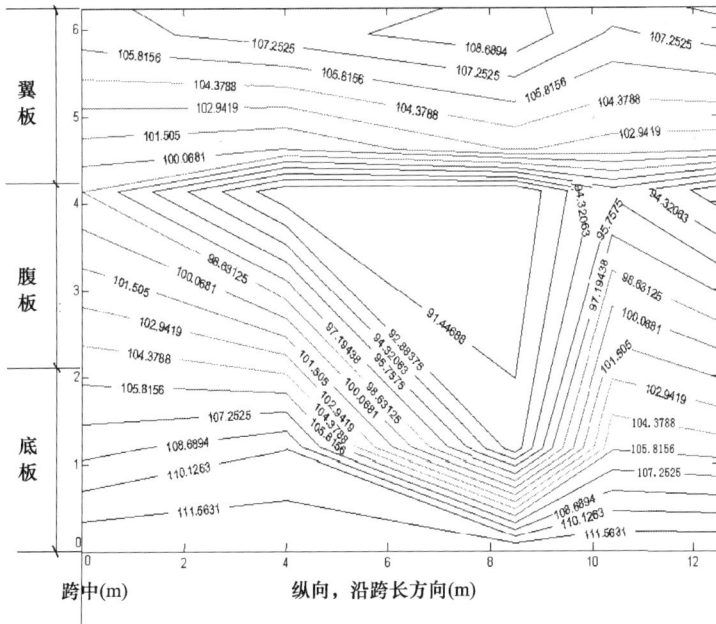

图 5　远轨时振动加速度级等值线图（单位：dB）

3　实测结果的频域分析

利用快速傅里叶变换技术（FFT）得到各测点的振动加速度自谱，分析箱梁结构各部位主要振动的频率范围。经比较不同横截面上相同部位测点的加速度自谱后得知：同一工况下（近轨或远轨）不同横截面上相同部位测点加速度自谱反映的主要振动频率范围是一致的，因此，在两种工况下，文中各选取 4 幅加速度自谱分别代表箱梁各部位的振动情况。近轨时各测点的加速度自谱如图 6 所示，远轨时各测点的加速度自谱如图 7 所示。

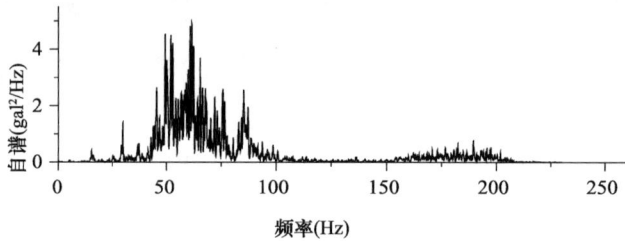

（a）翼缘板测点加速度自谱

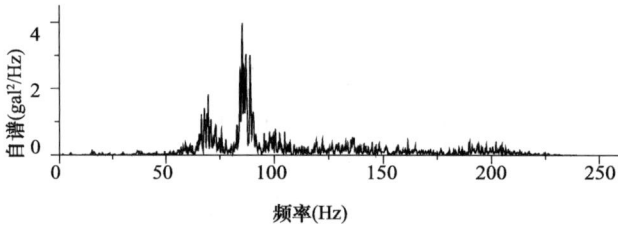

（b）梗腋测点加速度自谱

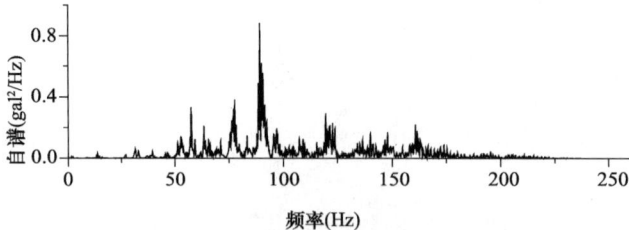

（c）腹板测点加速度自谱

图 6　近轨时各测点加速度自谱（一）

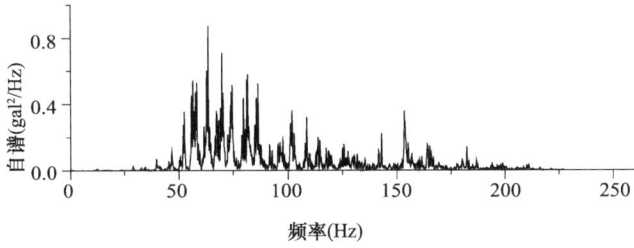

（d）底板测点加速度自谱

图 6　近轨时各测点加速度自谱（二）

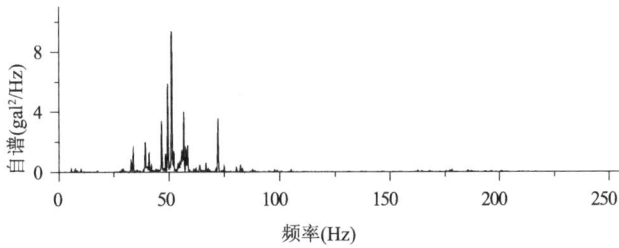

（a）翼缘板测点加速度自谱

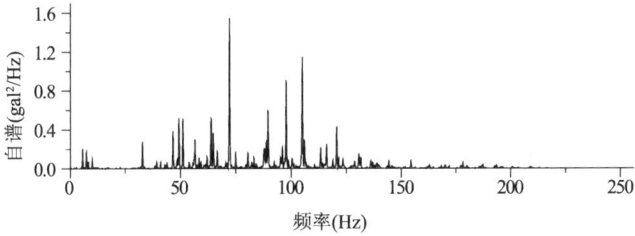

（b）梗腋测点加速度自谱

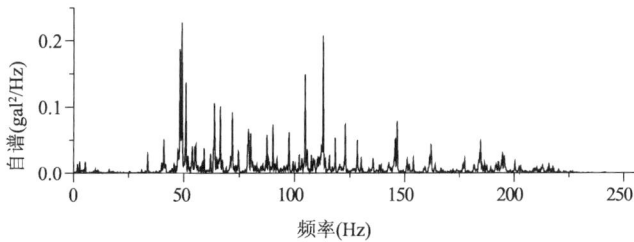

（c）腹板测点加速度自谱

图 7　远轨时各测点加速度自谱（一）

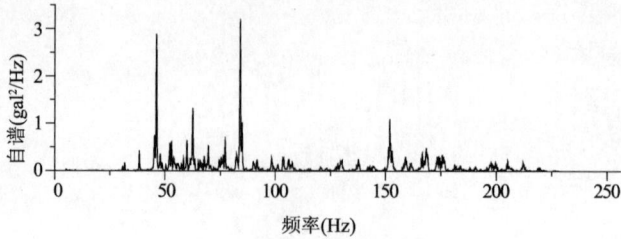

（d）底板测点加速度自谱

图 7   远轨时各测点加速度自谱（二）

由图 6 和图 7 可知，列车经过箱梁的过程中，箱梁结构各部位的主要振动频率范围都在 200Hz 以下。近轨时各测点振动响应的主要频率范围按翼缘板测点，梗腋测点，腹板测点，底板测点的顺序分别是：40 ～ 80Hz，50 ～ 120Hz，50 ～ 180Hz，40 ～ 160Hz；远轨时各测点振动响应的主要频率范围按翼缘板测点，梗腋测点，腹板测点，底板测点的顺序分别是：40 ～ 80Hz，40 ～ 120Hz，40 ～ 200Hz，40 ～ 160Hz。近轨与远轨时，相同部位振动频率范围差别不大。

4   结论

本文通过对 25m 跨轻轨单箱单室预应力钢筋混凝土简支箱梁结构的振动实测得到以下结论：

（1）近轨时箱梁结构各部位的振动明显大于远轨时箱梁的振动。

（2）近轨和远轨两种工况下，底板和翼缘的振动强度都大于腹板，翼缘板振动略大于底板振动；翼缘板从上梗腋到悬臂端振动有逐渐增大的趋势；腹板和底板从上梗腋到底板纵向中心线振动呈现逐渐增大的趋势，但近轨时在距跨中 8m 附近区域，振动出现先减小再增大的趋势。各部位振动沿桥宽方向主要表现为单一的变化规律，需结合列车运行工况具体分析。

（3）轻轨列车经过箱梁的过程中，箱梁结构各部位主要振动频率范围在 200Hz 以下。近轨与远轨时，相同部位振动频率范围差别不大。

参考文献

[1]   黄晓敏，黄新艺，卓卫东，上官萍，李岩 . 混凝土连续曲线箱梁桥在多车荷载作用下的冲击效应分析 [J]. 振动与冲击 , 2012, 31(24): 137-142.

[2]   谢旭，吴冬雁，王建峰，张世琦，周永杰 . 伸缩缝车辆冲击引起的钢箱梁桥振动特性 [J]. 浙江大学学报 (工学版), 2009, 43(10): 1923-1930.

[3] Dongzhou Huang, Mohsen Shahawy, Ton-Lo Wang. Vibration of thin-walled box-girder bridges excited by vehicles[J]. Journal of structural engineering, 1995, 21(9): 1330-1337.

[4] K.W. Ngai, C.F. Ng, Structure-borne noise and vibration of concrete box structure and rail viaduct[J]. Journal of Sound and Vibration, 2002, 255(2): 281-297.

[5] 王子健, 张迅, 李小珍. 铁路混凝土箱梁的振动与噪声频谱特性研究 [J]. 应用力学学报, 2014, 31(1): 85-90.

[6] 高飞, 夏禾, 曹艳梅. 城市轨道交通高架结构振动与噪声辐射研究 [J]. 振动与冲击, 2012, 31(4): 72-76.

[7] 李奇, 吴定俊, 邵长宇. 箱梁悬臂板局部振动特性及其对列车走行性影响 [J]. 中国铁道科学, 2011, 32(1): 48-54.

[8] 张仁巍, 韦红亮. 城市高架轨道箱梁振动特性数值分析 [J]. 重庆交通大学学报 (自然科学版), 2015, 34(3): 12-15-62.

[9] 谢伟平, 孙亮明. 箱形梁声辐射问题的半解析方法 [J]. 武汉理工大学学报, 2008, 30(12): 165-169.

[10] Shujin Laima, Hui Li, Wenli Chen, Fengchen Li. Investigation and control of vortex-induced vibration of twin box girders[J]. Journal of Fluids and Structures, 2013, 39: 205-221.

[11] 张迅, 李小珍, 王党雄, 冉汉民, 宋立忠. 典型铁路简支箱梁的中高频振动试验研究 [J]. 铁道学报, 2017, 39(8): 137-147.

[12] 宋瑞, 刘林芽, 董春燕, 徐斌, 刘全民. 高速铁路 40 m 与 32 m 箱梁振动噪声对比研究 [J]. 铁道工程学报, 2018, (4): 54-59.

本文待发表

参考文献

[1] Vladimir Kolousek. Dynamics in Engineering Structures[M]. London, 1937.

[2] Timoshenko S P. 工程中的振动问题 [M]. 胡人礼译 . 北京 : 人民铁道出版社 , 1978: 13-16.

[3] 松浦章夫 . 高速铁路上桥梁动力性能的研究 . 土木学会论文报告集 , No.256, 12, 1976.

[4] Chu K H, Garg V K. Railway-bridge impact: simplified train and bridge model [J]. Journal of the Structural Division, ASCE. 1979, 105, No. ST9.

[5] Fryba L. A Rough Assessment of Railway Bridges for High Speed Trains[J]. Engineering Structures, 2001, 23: 548-556.

[6] Chu K H, Garg V K. Railway-bridge impact: simplified train and bridge model[J]. Journal of the Structural Division, ASCE. 1979, 105, No. ST9.

[7] Dhar C.L. A Method of Computing Bridge Impact[C]. Ph.D. Thesis, Illinois Institute of Technology, Chicago, Illinois, 1978.

[8] Specialists' Technical Committee Institute (ERRI) D214 (1998). RP3: damping Utrecht. Rail bridges in rail bridge decks.Recommendations for calculating report, European Rail Research for speeds > 200km/h.

[9] Van Bogaert. Dynamic response of trains crossing large span double-track bridges[J]. Journal of Constructional Steel Research. 1993, 24 (1): 57-74.

[10] Yong-Bin Yang, Bing-Hong Lin. Vehicle-Bridge Inter-action Analysis By Dynamic condensation Method[J]. Journal of Structure Engineering, ASCE, 1995, 121 (11): 1636-1643.

[11] MF Green, D Cebon. Dynamic Response of Highway bridges to Heavy Vehicles 67 loads: Theory and Experimental Validation[J]. Journal of sound &Vibration 1994, 17 (1):51-78.

[12] M. Olsson. Finite Element Model Co-ordinate Analysis of Structures Subjected to Moving Loads[J]. Journal of sound &Vibration, 1985, 99 (1): 1-12.

[13] 程庆国 , 潘家英 . 大跨度铁路斜拉桥竖向刚度分析 [C] // 全国桥梁结构学术大会论文集 , 武汉 , 1992: 1163-1168.

[14] 孙建林 . 大跨度斜拉桥横向振动特性分析 [D]. 北京 : 铁道部科学研究院 , 1988.

[15] 张锻, 柯在田. 既有线提速至 160 km/h 桥梁评估的研究 [J]. 中国铁道科学, 1996, 17 (11): 9-20.

[16] 许慰平. 大跨度铁路桥梁车桥空间耦合振动研究 [D]. 北京: 铁道部科学研究院, 1988.

[17] 夏禾, 陈英俊. 风和列车荷载同时作用下车桥系统的动力可靠性 [J]. 土木工程学, 1994, 27 (2).

[18] 宁晓骏, 何发礼, 强士中. 车桥耦合振动研究中轮轨接触几何非线性的考虑 [J]. 桥梁建设. 1999, 24 (2):8-10.

[19] 李小珍, 强士中. 高速列车-大跨度钢斜拉桥空间耦合振动响应研究 [J]. 桥梁建设, 1998 (4): 65-68.

[20] 李运生, 阎贵平, 王元清等. 铁路桥梁梁墩体系墩顶横向振幅的参数影响分析 [J]. 铁道建筑, 2007 (3): 21-24.

[21] 何发礼, 李乔. 曲率和超高对曲线梁桥车桥耦合振动的影响 [J]. 桥梁建设, 1999, 6 (3): 5-7.

[22] 曾庆元, 向俊, 娄平. 车桥及车轨时变系统横向振动计算中的根本问题与列车脱轨能量随机分析理论 [J]. 中国铁道科学, 2002, 23 (1): 1-10.

[23] 郭文华, 曾庆元. 高速铁路多跨简支梁桥横向振动随机分析 [J]. 长沙铁道学院学报, 1997, 15 (1): 21-32.

[24] 朱汉华. 列车-桥梁时变系统振动能量随机分析理论 [D]. 长沙: 长沙铁道学院, 1993.

[25] 张麒, 曾庆元. 钢桁梁桥横向刚度控制指标的探讨 [J]. 桥梁建设, 1998 (1): 14.

[26] 娄平, 曾庆元. 车辆-轨道-桥梁系统竖向运动方程的建立 [J]. 铁道学报, 2004, 26 (5): 71-80.

[27] 向俊. 列车脱轨机理与脱轨分析研究 [D]. 长沙: 中南大学, 2006.

[28] 周智辉. 列车脱轨分析理论与控制脱轨的桥梁横向刚度限值研究 [D]. 长沙: 中南大学, 2007.

[29] 胡辰锁, 胡希冀, 杜建霞. 移动荷载作用下四种车桥耦合模型研究 [J]. 山西建筑, 2010, 36 (9).

[30] 张运山. 铁路简支梁在移动荷载作用下的振动理论及数值研究 [D]. 北京: 北京交通大学, 2012.

[31] 王森. 高速铁路简支梁桥车桥耦合振动仿真分析 [D]. 石家庄: 石家庄铁道大学, 2014.

[32] Timoshenko, S.. Strengths of rails [M]. Transactions of the Institute of Ways of Communication, Russia, 1915.

[33] Timoshenko, S.. Method of analysis of statical and dynamical stress in Rail [M]. Proc. Second Int. Congress for Appl. Mech, 1926.

[34] Timoshenko, S. and Langer. Stresses in railroad track [J]. J. Appl. Mech. 1932 (54).

[35] J. Kenney, Pasaclena, Calif. Steady-State Vibration of beam on elastic foundtion for moving load [J]. Journal of Applied Mechanics; December: 359-364.

[36] Hunt Hunt, James ForRest. Floating slab track for vibration reduction: Why simple models don't

work [M]. Seventh International Congress on Sound and Vibration, 2000.7.

[37] 阿部和久，古田勝．时间域积分表现式による轨道振动解析法 [J]. 日本土木工程学报，1997.3: 9-16

[38] 谢伟平，镇斌．移动荷载下 Winkler 梁稳态动力响应分析 [J]. 武汉理工大学学报，2005, 27 (7)，61-63.

[39] 刘学毅，王平．高速轨道频域响应特性分析 [J]. 西南交通大学学报，2000.35 (04), 335-339.

[40] S.Timoshenko. Method of analysis of statical and dynamical stress in rail, Proc. of the Sec. Inter. Con. For Appl. Mech., Zurich 1926, 407-418.

[41] C. R. Steele. The finite beam with a moving load [J]. J. Appl. Mech., 1967, 35 (4), 111-119.

[42] L.Fyba.Vibration of Solids and Structures under Moving Loads [M]. Noordhoff International Publishing, 1971.214-233.

[43] J. T. Kenney, JR., Pasadena, Calif.. Steady-state vibrations of beam on elastic foundation for moving load [J]. Journal of Applied Mechanics, 1954.December: 359-364.

[44] 郑小平，王尚文，陈百屏．弹性地基无限长梁动力学问题的一般解 [J]. 应用数学和力学，1991, 12 (7), 593-597.

[45] 谢伟平，镇斌．移动荷载下 Winkler 梁稳态动力响应分析 [J]. 武汉理工大学学报，2005, 27 (7), 61-63.

[46] 徐利平，胡世德．G-M 法在箱梁桥面板计算中的应用 [J]. 同济大学学报，2000, 28 (3): 353-358.

[47] 丁桂保，郑史雄．高速铁路桥梁的低频噪声研究 [J]. 西南交通大学学报，1998, 33 (2): 127-131.

[48] Y.Y. Lee, K.W. Ngai, C.F. Ng.. The local vibration modes due to impact on the edge of a viaduct, Applied Acoustics, 2004, 65, 1077-1093.

[49] K.W.Ngai and C. F. Ng . Structure-noise and vibration of concrete box structure and rail viaduct [J]. Journal of Sound and Vibration , 2002, 255 (2), 281-297.

[50] Y.Moritoh, Y.Zenda and K.Nagakura. Noise control of high speed Shinkansen [J]. Journal of Sound and Vibration, 1996, 193, 319-334.

[51] C.Stüber, Air and structure-borne railway noise, 1975, 43, 281-289.

[52] TheeraphongChanpheng. Application of radiation modes to the problem of low-frequency noise from a highway bridge [J]. Applied Acoustics, 2004, 65, 109-123.

[53] A.R.Crockett, J.R.Pyke. Viaduct design for minimization of direct and structure-radiated train noise, Journal of Sound and Vibration, 2000, 231 (3), 883-897.

[54] 沈坚．香港西线铁路噪声控制技术 [J]. 城市轨道交通研究，2005, (3), 65-67.

[55] A.Wang and S.J.Cox. Railway bridge noise control with resilient baseplates [J]. Journal of Sound and Vibration, 2000, 231 (3), 907-911.

[56] 胡希冀 . 高速列车作用下桥梁结构的动力性能研究 [D]. 太原 : 太原理工大学 , 2010.

[57] 潘家英 , 高芒芒 . 铁路车 - 线 - 桥系统动力分析 [M]. 北京 : 中国铁道出版社 , 2008.

[58] D.L.Heathetal, Design of Conventional Rail Track Foundations. Proc. Inst. Civ. Eng, 1972:51:251.

[59] 梁波 . 高速铁路路基的动力特性及土工合成材料的应用研究 [D]. 成都 : 西南交通大学 , 1998.

[60] 刘均利 . 武汉轻轨箱梁的静力试验与有限元分析 [J]. 湖北工学院学报 , 2006, 18 (3): 8-9.

[61] 刘夏冰 . 四孔交叠隧道下地铁运行对周边建筑物的振动响应分析 [D]. 南昌 : 南昌航空大学 , 2014.

[62] 徐利平 , 胡世德 . G-M 法在箱梁桥面板计算中的应用 [J]. 同济大学学报 , 2000, 28 (3): 353-358.

[63] 沈坚 . 香港西线铁路噪声控制技术 [J]. 城市轨道交通研究 , 2005 , (3): 65-67.

[64] 沈坚 . 香港西线铁路噪声控制技术 [J]. 城市轨道交通研究 , 2005 , (3): 65-67.

[65] JBJ 16-2000. 机械工业环境保护设计规范 [S]. 2000.

[66] ISO2631-1, Guide for evaluation of human exposure to whole-body vibration , Part1: General requirements[S]. 1978.

[67] GB 10071—88. 城市区域环境振动测量方法 [S].1988.

[68] 张昕 . 高架轨道交通引起环境振动的实测和理论分析研究 [D]. 同济大学 , 2002.

[69] HJ/T 2.4—1995. 环境影响评价技术导则　声环境 [S]. 1995.

[70] 张绍栋 . 声级计的原理和应用 [M]. 北京 : 计量出版社 , 1986.

[71] 黄其柏 . 工程噪声控制学 [M]. 武汉 : 华中理工大学出版社 , 1999.

[72] 邵宗安 . 现代声学噪声测量技术 [M]. 西安 : 西安交通大学出版社 , 1994.

[73] 张邦俊 . 环境噪声学 [M]. 杭州 : 浙江大学出版社 , 2001.

[74] 钱冬生 , 陈仁福 . 大跨度悬索桥的设计与施工 (修改版)[M]. 成都 : 西南交通大学出版社 , 1999.

[75] 刘均利 . 武汉轻轨箱梁的静力试验与有限元分析 [J]. 湖北工学院学报 , 2006 18 (3): 8-9.